最伟大的牺牲是忍辱，

最伟大的忍辱是反抗。

京味大家

老舍小传

许正林 著

中国青年出版社

图书在版编目（CIP）数据

京味大家：老舍小传 / 许正林著. -- 北京：中国
青年出版社，2025. 4. -- ISBN 978-7-5153-7650-9

Ⅰ. K825.6

中国国家版本馆 CIP 数据核字第 2025V08C08 号

责任编辑：杜海燕
出版发行：中国青年出版社
社　　址：北京市东城区东四十二条 21 号
网　　址：www.cyp.com.cn
编辑中心：010-57350503
营销中心：010-57350370
经　　销：新华书店
印　　刷：三河市君旺印务有限公司
规　　格：650mm×910mm　1/16
印　　张：13.5
字　　数：104 千字
版　　次：2025 年 4 月北京第 1 版
印　　次：2025 年 4 月河北第 1 次印刷
定　　价：67.50 元

如有印装质量问题，请凭购书发票与质检部联系调换
联系电话：010-57350337

目 录

CONTENTS

001 / 正红旗下

016 / 寡母孤儿

027 / 从私塾到中学堂

036 / 从师范生到校长

046 / 青春关坎

055 / 初恋

069 / 初登英伦

082 / 读与写

098 / 清苦与充实

111 / 告别英国

124 / 从巴黎到南洋

137 / 第二故乡

154 / 流亡岁月

169 / 旅美三年

179 / 人民艺术家

188 / 扶杖争上游

199 / 老舍之死

208 / 参考书目

正红旗下

老舍是北京人。

老舍生在北京，长在北京，离开过北京，又回到北京，直到死在北京。

老舍主要写北京，写了一辈子的北京。他写北京城，写北京人，写北京话，写北京味，写北京文化。

老舍爱北京。他说："我生在北平，那里的人、事、风景、味道，和卖酸梅汤、杏儿茶的吆喝的声音，我全熟悉。一闭眼我的北平是完整的，像一张彩色鲜明的图画浮立在我的心中。我敢放胆的描画它。它是条清溪，我每一探手，就摸上条活泼泼的鱼儿来。"（老舍《三年写作自述》）

老舍写北京。他说："不管我在哪里，我还是拿北京做我的小说的背景，因为我闭上眼想起的北京是要比

睁着眼看见的地方更亲切，更真实，更有感情的。"（老舍《我热爱新北京》）

老舍哭过北京："最爱和平的中国的最爱和平的北平，带着它的由历代的智慧与心血而建成的湖山，宫殿，坛社，寺宇，宅园，楼阁与九条彩龙的影壁，带着它的合抱的古柏，倒垂的翠柳，白玉石的桥梁，与四季的花草，带着它的最轻脆的话语，温美的礼貌，诚实的交易，徐缓的脚步，与唱给宫廷听的歌剧……不为什么，不为什么，突然的被飞机与坦克强奸着它的天空与柏油路！"（老舍《四世同堂》）

老舍是属于北京的，他说，北京"是整个儿与我的心灵相黏合的一段历史"，"我的最初的知识与印象都得自北平，它是在我的血里，我的性格与脾气里有许多地方是这古城所赐给的"。（老舍《想北平》）

我们可以从老舍和老舍的作品去知道北京，我们也可以从北京去知道老舍。

一八九九年二月三日，老舍出生于北京西城护国寺街小羊圈胡同的一个贫民家里。小羊圈胡同是一个一人稍宽的小胡同，往里走不到十米，胡同向北拐四五米，再向东，便逐渐进入一个豁然开朗的空间，犹如一个葫芦肚，再往东又是狭窄的出口，直通护国寺的西廊下街，如在地图上看，整条小羊圈胡同与西东两个出口很像一个繁体字"亞"的形状，或许当初真是一个羊圈。从这窄小的入口、曲里拐弯的胡同和不规则的空间，就知这儿是一块贫民天地。这里住有六七户人家，围着两棵大槐树，路东有三个门，最南头一个门，就是老舍的家。这应该是地道的底层的老北京人的生活空间，从生存状态来看，与那些显赫的达官贵人相比，应该是不幸的，但对于后来成为作家的老舍来讲，应该是非常幸运的，因为这才是真正生活在北京社会与文化里面。

老舍的家是有门楼的房子，门楼是用瓦摆成一些古钱的形状，只是房屋已很破旧，古钱早已歪七竖八，钱眼里探出枯草梗，可怜的小麻雀们在枯草梗之间寻啄那不丰满的草籽儿。两扇门也破旧得处处有孔有缝，左右门垛的青灰大多脱落，没有脱落的两三块，上面画满了鸡爪形图案，这是北京许多贫困人家用以记账的记号。这些在当今看来有些破败的景象，对晚清那个时候初生的孩童来说，却是个处处充满情趣与激发想象的童话空间。

推门进院子，迎面有影壁，这是典型的北京满族民居的格式，只是影壁已塌倒半截，影壁边连一般满族庭院应有的供神用的"索罗杆"也没有。影壁后面是一个三合院。但并不是北京一般富裕人家的那种标准的四合院或三合院——南北稍长东西略短的格局，这是一个南北极窄而东西狭长的院子。院儿里醒目的是有三棵树，两棵枣树和一棵杏树。在北京，尤其在城北，几乎家家都在院子里种枣树，因"早子"的谐音，取一个吉利。

老舍就生在这里，长在这里，直到他一九二四年二十六岁去英国任教之前，他一直住在这里。老舍一生最爱的也是这里。老舍二十世纪四十年代写的长篇小说《四世同堂》的故事背景即是以小羊圈胡同为原型的，而祁家院子就是以老舍自家为原型的。他的短篇自传体小说《小人物自述》和长篇自传体小说《正红旗下》则对自己出生的院子和房子作了详细的描述。

老舍是满族人，父亲和母亲都是旗人。老舍父亲名叫舒永寿，属正红旗。清代满族的军队组织和户口编制以旗的颜色为标志，分镶黄、正黄、镶白、正白、镶红、正红、镶蓝、正蓝八旗，由贵族首领统率，称为八和硕贝勒。凡满族成员都隶属各旗，所以满族人常被称作旗人。

老舍父亲是清皇城的护军。清兵入关取明立国以后，仍以明王朝的都城北京为都城，对明朝的宫殿、城池、街衢、坊巷均未作大的变动。而将主要力量放在西郊的两座离宫上，一是当时被称为"万园之园"的圆明园，二是颐和园。明清北京城分为外城、内城、皇城和宫城四套方城。内城设九门，外城开七门。皇城的核心为宫城，是皇帝的住所，称紫禁城。清代，所有的内城的汉族百姓迁至外城，内城只由八旗人居住。老舍家住护国寺街，离皇城很近。每日护城上下班还是较近的，只是收入很低，一个月只有三两银子的月饷，这是全家六七口人唯一的经济来源了。

　　清朝建立以后，为了继续保持八旗军队的战斗力，严格限制旗人参与工商业活动，也不准离开北京居住。除了将所圈占的部分旗地分配给兵丁之外，就是每月由官府发饷银饷粮。这种旗人制度带来了两个弊端，地位高的贵族子弟靠山吃山，养成吃喝玩乐、游手好闲的习惯；地位低的贫困旗人不能自谋生计，只能越来越贫穷。老舍就是出生在这样的贫困旗人家庭里。

　　老舍的母亲姓马，属正黄旗。娘家在德胜门外土城十间房村。老舍出生时，母亲已四十一岁了，本该是八个孩子的妈妈，但因家境贫寒，四个姐姐和三个哥哥活下来的只有大姐、二姐、三姐和三哥。大姐、二姐已先后出嫁，所以老舍常把自己称作是母亲的"老儿子"。

老舍出生这天，恰好是农历戊戌年腊月二十三，是传统的用糖瓜祭灶拜灶王爷上天言好事的吉祥日子。祭灶本是中国的传统习俗之一，老北京人尤为重视。他们把灶神称作"灶王爷"。北京流传的歌谣这样说："灶王留下一卷经，念与善男信女听。我神姓张名自国，玉皇封我掌厨中。来到人间查善恶，未曾做事我先清。"人们认为灶王爷是玉皇大帝派往人间监督善恶的神，每年腊月二十四都要上奏玉皇，为避免灶王爷说自家的坏话，腊月二十三晚上一定要给灶王爷送行、奉祀。北京人多用江米或麦芽糖供奉，意思是粘住灶王爷的嘴，使其上天后不能多说话。王府宅门或豪绅巨贾讲排场，摆阔气，祭祀的糖堆得像塔，有的还糊灶王爷升天用的马，这是"阔祭灶"。贫苦人家只能"穷祭灶"，供桌上能摆上关东糖、糖瓜、南糖就不错了。更穷的人家只有凉水一碗、草料一碟，再磕三个"素头"就告礼成了。

老舍母亲这日一大早就挺着大肚子张罗着祭灶，她打扫房屋内外，擦洗神台桌椅，把炉火生得旺旺的。也许是劳累过度的原因，母亲中午就感身体不适，腹部疼痛，到下午越加厉害，凭着她的经验，这是要临产了。可她想，孩子要到明年二月才足月呢。但她还是打发三姐去请姥姥来。好在姑姑这天未出门打麻将，听到这边有动静就来帮忙。其实姑姑从来都是受母亲伺候的，指手画脚惯了，今天更是她指手画脚的好时候。她先是说："这孩子才八个月吧！"后来又说："这小子的来历不小哇！说不定，灶王爷身旁的小童儿因为贪吃糖果，没来得及上天，就留在这里了呢！这小狗尾巴的将来一定福大命大。"姑姑这一预言还真是说对了。

　　家境贫寒、营养不良又过度劳累，母亲一生下小儿子就昏死过去。三姐吓得只顾抱着母亲哭，接生姥姥也慌成一团，姑姑大声呼喊，命人掐人中、冲糖水，打发人去通知其他亲属。一屋子人都忘了赤身裸体的小婴儿被扔在炕上。幸好大姐这时赶来了。她比老弟大二十多岁，已做了母亲，家住西四牌楼附近的帅府胡同。大姐推门进来叫了一声"妈"，就顺手赶紧将撂在一边已冻得奄奄一息的小弟弟紧紧搂在怀里。可以说是大姐抢回了老舍的一条命。也许正是这个原因吧，老舍和大姐有一种特别的亲情。老舍后来在自传体小说《正红旗下》里多次描写过大姐。他写道："大姐是个极漂亮的小媳妇：眉清目秀，小长脸，尖尖的下颏像个白莲花瓣似的。不管是穿上大红缎子的氅衣，还是蓝布旗袍，不管是梳着两把头，还是挽着旗髻，她总是那么俏皮利落，令人心旷神怡。她的不宽的腰板总是挺得很直，亭亭玉立；在请蹲安的时候，直起直落，稳重而飘洒。只有在发笑的时候，她的腰才弯下一点去，仿佛喘不过气来，笑得那么天真可怜。亲戚、朋友，没有不喜爱她的"。

　　第二天早晨，父亲从护城岗上回到家里，婴儿和母亲已经转危为安，一家人也都高兴起来。父亲看着命大的孩子，即兴给他起了一个象征吉祥的名字：庆春，但愿这个小宝贝能给他带来新的春天、新的希望，带来好运。正当一家人高兴之时，二哥福海搀着大舅妈也到了。大舅妈是一个热心快肠、讲面子又极有能耐的人。她一把拉住刚脱离危险还处于极度虚弱之中的庆春母亲的手说："您放心，全交给我啦！明天洗三，七姥姥八姨的总得来十口八口儿的，这儿二妹妹管装烟倒茶，我当厨子，两杯水酒，一碟炒蚕豆，然后是羊肉酸菜热汤儿面，有味儿没味儿，吃个热乎劲儿。好不好？""有爱玩小牌儿的，四吊钱一锅。您一丁点心都别操，全有我呢！完了事，您听我一笔账，决不叫您为难！"

老北京人认为，人的一生有两件大事，一是生下来三天的"洗三"，二是死去三天时的"接三"。满族人尤重此习俗，无论贫富贵贱。比如在雍和宫的法轮殿"五百罗汉山"前，存放有一个精美的"鱼龙变化盆"，相传就是乾隆皇帝洗三用过的澡盆。他们认为，洗三可以洗去婴儿从前生带来的污垢，使今生平安吉利。从医学观点看，洗三也有为婴儿洁身防病的功用。同时，洗三也为亲朋好友的人情往来恭喜庆贺提供了一个机会。客人们多送给产妇一些油糕、桂花缸炉、破边缸炉、鸡蛋、红糖等食品，送给小孩穿的衣、鞋、袜作为礼品。主持洗三仪式的一般都是"三姑六婆"中的"稳婆"，北京人习惯称"收生姥姥"或"吉祥姥姥"，实际上是在接生和洗三中较有经验的中老年妇女。洗三之前，按正规礼仪要求，要预备好挑脐簪子、围盆布、缸炉、小米儿、金银锞子，还有花儿、朵儿、升儿、斗儿、锁头、秤砣、镜子、牙刷、茶叶、梳子、新笼子、胭脂粉、猪胰皂团、新毛巾、铜茶盘、大葱、姜片、艾叶球、烘笼儿、香烛、钱粮纸码儿、生熟鸡蛋、棒槌等等，还要熬好槐条蒲艾水，用胭脂染红桂圆、荔枝、生花生、栗子等。

洗三这天十分热闹，大约是接近春节的缘故，好一派节日气氛。外屋、南屋和姑姑屋里都摆上了宴席。桌上摆的是腌疙瘩缨儿炒大蚕豆与肉皮炸辣酱，酒是兑了水千杯也不醉的酒。"酒席"虽然简单，入席的礼让却仍然很认真："您请上坐！""那可不敢当！不敢当！"酒过三巡，无一人有丝毫醉意，菜过两味，大家吃兴刚起，"宴会"随即进入高潮——热汤面上来了。按洗三的习俗，这是必定主食，称"洗三面"。霎时间，客人们似乎也忘了礼让，不见人说话，只听见满屋一片吞食面条的"忽——忽——"响声。洗三仪式按惯例在午饭后正式举行。

白姥姥先在外屋的神桌上供上碧霞元君、琼霄娘娘、云霄娘娘、催生娘娘、送子娘娘、豆疹娘娘、眼光娘娘等神像。香炉里盛满了小米，插上了香，下边压着黄钱、元宝、千张等敬神钱粮，然后再点上香和蜡。里屋的炕头上也供上"炕公、炕母"神像，几碗作为供品的桂花缸炉和油糕已经移到神像前。白姥姥里外屋向神叩首行礼之后，才将盛有槐枝、艾叶水熬成的冒着热气的苦水的铜盆和一切礼仪用品摆到炕上。白姥姥上炕盘腿坐好，然后将庆春抱一抱，这是洗三仪式的序幕。接下来参加仪式的七大姑、八大姨们依照尊卑长幼的先后顺序往盆里添一小勺清水，再放一些钱物。这叫"添盆"。她们有的往盆里丢硬币，有的将纸币放在茶盘里，手头紧的就只把早已准备好的桂圆、荔枝、红枣、花生、栗子之类的"喜果"添在茶盘里。大家一边添，白姥姥一边说着祝福的话。添水的时候，她就说："长流水，聪明伶俐。"添喜果的时候，她就说："早（枣）儿立（栗）子，连生贵（桂）子；桂圆桂圆，连中三元。"大家越添，白姥姥越念念有词，这样既气氛热烈，庆春母亲也心里喜悦，白姥姥更高兴，因为大家所添的东西，最后都要给白姥姥拿走的。

添盆后，白姥姥拿起棒槌往盆里一搅，又念念有词道："一搅两搅连三搅，哥哥领着弟弟跑，七十儿、八十儿、歪毛儿、淘气儿，稀里呼噜都来啦！"接着，白姥姥开始给庆春洗澡。白姥姥一边洗着小庆春，一边念："先洗头，做王侯；后洗腰，一辈倒比一辈高；洗洗蛋，做知县；洗洗沟，做知州！"洗完，白姥姥又用姜片艾团灸庆春的脑门和身上的各重要关节，再用新青布蘸清茶用力擦小宝宝的牙床，又一边念道："三梳子，两拢子，长大戴个红顶子；左描眉，右打鬓，找个媳妇准四衬；刷刷牙，漱漱口，跟人说话免丢丑。"大概是姥姥把小庆春弄疼了，这时小庆春大哭，在场的人均欢呼大吉大利，因为这叫作"响盆"，是好兆头。白姥姥拾起一根大葱，打了小庆春三下，边打边说："一打聪明，二打伶俐！"然后，白姥姥将这棵葱很庄重地交给正好赶回家来的庆春父亲，父亲将葱扔到了房顶上。这是祝愿孩子将来聪明绝顶。仪式十全十美，庆春后来真成了舒家的骄傲，成了中国著名作家。从这些北京和旗人的风俗看来，正是这种特有的文化孕育出了老舍这样伟大的北京作家、旗人作家。

显然，那不是一个穷苦百姓能过平安好日子的年代。就在庆春出生这一年，义和团在山东起义，以农民为主体的自发反帝爱国运动很快蔓延到直隶、北京及北方各省。一九○○年夏初，帝国主义者美、英、法、意、日、俄、德等国派遣侵略军队在塘沽相继登陆，以保护使馆为名，强进北京。清王朝主持朝政的西太后慈禧面临内忧外患，为保全自己，先是默许义和团进京"扶清灭洋"，后又暗请洋人镇压士气日益高涨的义和拳众。

这年八月初，帝国主义联军用不到十天时间即逼近北京城下，并很快从东便门、朝阳门、广渠门等处攻破北京城。北京城内一片混乱。西太后慌忙换上农妇的衣裳挟王侯大臣仓皇逃出北京城，满朝文武官员也大多溜之大吉。当八国联军攻破北京外城时，留在城里的义和团民众和守军本着对洋鬼子的仇恨和守土有责的爱国情感在北京城上作殊死抵抗。庆春的父亲是内城正阳门的守军。战斗中，洋鬼子的烧夷弹引着了他身上背的"老台杆"的黑色火药，他被严重烧伤。他强忍伤痛，好不容易爬到西华门附近一家叫南恒裕的粮店里躲了起来。不知过了多久，被一个溃退下来的士兵发现，碰巧这个士兵是庆春母亲的表侄。这时庆春的父亲已不能讲话，只费力地拿出一双布袜和一双裤脚带，托表侄赶紧回家报个信。这时陷落的北京城一片恐怖，家人虽得到消息，但街上无车无人，无法出外去援救。自此以后，庆春的父亲再也没有回来。母亲悲痛不已，含泪带着五个儿女，把父亲的生辰八字和袜带一起装进一个小盒里，埋到西直门外大钟寺附近的舒家墓地里。

父亲去世时，小庆春才一岁半，所以他根本不知道父亲的模样。他说："父亲的模样，我说不上来，因为还没到我能记清楚他的模样的时候，他就逝世了……我只能说，他是个'面黄无须'的旗兵，因为在我八九岁时，我偶然发现了他出入皇城的那面腰牌，上面烫着'面黄无须'四个大字。""他没有嗜好，既不抽烟，也不赌钱，只在过节的时候喝一两杯酒……"老舍从父亲那儿承继了恪尽职守、和气老实、热爱生活的性格，最后成为一个知识分子、作家、幽默大师。

八国联军占领北京后，在全城烧杀掳掠。一时"京内尸积遍地，腐肉白骨纵横"，"鬼子"不仅疯狂屠杀义和团，还闯入居民家中乱杀乱砍，"百家之中，所全不过十室"。

八国联军的头头们还特许军队公开抢劫三天。从皇宫到王府、官宅直至百姓家中，都惨遭空前洗劫。他们还划分区域，分片占领。小羊圈胡同所在的内城四牌楼以北为日本占领区。小羊圈胡同先后遭到日本侵略者的两次血腥洗劫。第一批鬼子来，因没能抢到什么值钱的东西，把舒家的大黄狗杀了。母亲还没来得及关门，第二批鬼子又来了，在突如其来之间，母亲没有来得及将正在床上熟睡的小庆春抱出屋，就赶紧带着三姐蹲在南墙根躲了起来。鬼子们在里外屋翻箱倒柜搜了一通之后走了，心一直悬着的母亲赶忙跑进屋寻找孩子，最后在炕上一只扣着的大木箱子下面的旧衣服和破布堆里找到了庆春。对于这次遭遇，老舍直到六十岁时回想起来，仍有一种掩饰不住的后怕。他说："我们的炕上有两只年深日久的破木箱。我正睡在箱子附近，文明强盗又来了。我们的黄狗又被前一批强盗刺死，血还未干。他们把箱底儿朝上，倒出所有的破东西。强盗走后，母亲进来，我还被箱子扣着。我一定是睡得很熟，要不然，他们找不到好东西，而听到孩子的啼声，十之八九会给我一刺刀。"（老舍《〈神拳〉后记》）

这种遭遇以及由此激发的痛恨外国侵略者和希望祖国富强、民族振兴的朴素情感一直影响老舍终生。

寡母孤儿

　　小庆春的父亲去世以后，家里的生活重担就落到了母亲一个人身上。母亲生在农家，父母去世很早，是由隔壁姑姑带养长大的，所以从小就养成了吃苦耐劳、自立能干的性格。母亲出嫁很早，到庆春出生时，已经有过八个孩子了。老舍是这样描写母亲的："她的身量不高，可是因为举止大方，并显不出矮小。她的脸虽黄黄的，但不论是发着点光，还是暗淡一些，总是非常恬静。有这个脸色，再配上小而端正的鼻子，和很黑很亮、永不乱看的眼珠儿，谁都可以看出她有一股正气，不会有一点坏心眼儿。乍一看，她仿佛没有什么力气，及至看到她一气就洗出一大堆衣裳，就不难断定：尽管她时常发愁，可决不肯推卸责任。"（老舍《正红旗下》）

　　这时，全家生活费连抚恤金加大儿子做工的钱每月一共三两银子，一家几口人的生活远远不够。母亲就靠拼命地为来京城做生意的外地人接洗衣服挣点小钱，除了洗衣服和缝补衣服之外，有时还要接收一些新衣服和鞋袜回来做。母亲做事非常认真。白天，她要洗出几大盆衣服，无论多脏，总洗晒得非常干净；晚上，就在小油灯下缝缝补补，每天操劳到半夜。庆春后来写的短篇小说《月牙儿》，里面对"妈妈"的描写有些就是以自己的母亲为原型的：

"妈妈整天的给人家洗衣裳。"

"有时月牙儿已经上来，她还哼哧哼哧的洗。那些臭袜子，硬牛皮似的，都是铺子里的伙计们送来的。妈妈洗完这些'牛皮'就吃不下饭去。"

"妈妈的手起了层鳞，叫她给搓搓背顶解痒痒了。可是我不敢常劳动她，她的手是洗粗了的。她瘦，被臭袜子熏得常不吃饭。"

母亲虽然勤俭，苦扒苦挣，每月开支仍是上月不接下月，日常生活费用仍免不了一般旗人寅吃卯粮的赊欠的命运。卖烧饼的、卖炭的、倒水的每月还是要在门垛子上画上白道道，按月付钱。母亲是会过日子的人，她也只许卖烧饼的、卖炭的、倒水的在自家门外画白道道，而绝不许卖酥糖的、卖糖葫芦的等画白道道。母亲挣来的是血汗钱，所以持家总是精打细算。她每次到衙门里领取抚恤金的银子，都要兑换成现钱。当时京城山西人开的烟铺、回族人开的蜡烛店和银号钱庄一样，也兑换银两。母亲为了多兑出一点现钱，总是问了一家又一家，希望能多换几百钱。有时候，在她问了两家之后，恰好银盘儿落了，她饶白跑了腿，还少换了几百钱。每次拿着钱回家，就开始发愁。她要核计核计，该拿出多少钱去还债。母亲的脾气就是不喜欢低三下四地向债主求情，而显出一种硬气、骨气。母亲的这种性格后来给老舍的影响很大。

母亲不仅勤劳能干，而且也爱整洁、讲体面，具有农家人的传统美德。母亲总是把院子收拾得干干净净，并且种上花；家具虽然破旧，但从来不留尘土，家里显得清清爽爽。每逢过年，屋子内外总都作彻底的打扫，灶王龛上总得贴上新对联。讲究起居卫生，讲究居家做人脸面，这是旗人的传统习俗。母亲很好客。每逢有客人来，无论手中怎么为难，母亲也要设法弄点菜款待客人。有时舅父与表哥们来，自己掏钱买酒买肉，母亲总难为情地脸红，更殷勤地给他们温酒做面食。遇到亲友家中有红白喜事，母亲必把大褂洗得干干净净，亲自去贺吊，哪怕份礼只是两吊小钱。母亲待人热忱，乐于助人，因而十分受亲戚和邻里的喜欢与爱戴。她常被请去给病人刮痧，给婴儿洗三，给孩子剃头，给小媳妇绞脸，凡是她能做的，总是有求必应。母亲个性要强、豪爽、硬朗，但待人又心平气和。庆春一家一直和姑母一起住，姑母丈夫去世得早，两个孩子又先后夭折，所以脾气很坏，性格怪异，心眼狭小，常因小事借题发挥，欲与母亲吵闹，母亲总是忍气吞声地让她，有时连旁人对这种忍受都受不了。母亲却说："没受过婆婆的气，还不受大姑子的气吗？命当如此！"当姑母死去时，母亲才把一世的委屈都哭了出来，一直哭到了坟地。

母亲的性格给了庆春深远的影响，他说："我对一切人与事，都取和平的态度，把吃亏看作当然的。但是，在做人上，我有一定的宗旨与基本的法则，什么事都可将就，而不能超过自己画好的界限。我怕见生人，怕办杂事，怕出头露面；但是到了非我去不可的时候，我便不得不去，正像我的母亲。从私塾到小学，到中学，我经历过起码有廿位教师吧……但是我的真正教师，把性格传给我的，是我的母亲。母亲并不识字，她

给我的是生命的教育。"（老舍《我的母亲》）

老舍母亲虽然穷苦辛劳一生，但心平气和，人也长寿。她一直活到八十四岁，于一九四二年去世。母亲去世时，老舍当时正在重庆为中华全国文艺界抗敌协会的工作而奔忙，母亲去世的消息直到一年后才知道，他夜不能寐，怀着极其沉痛的心情写下了《我的母亲》一文。他深谢母亲，感慨母亲的崇高人格，表达不尽未能回报母亲深恩深爱的愧疚之情。他说："生命是母亲给我的。我之能长大成人，是母亲的血汗灌养的。我之能成为一个不十分坏的人，是母亲感化的。我的性格，习惯，是母亲传给的。"

庆春的童年是靠吃浆糊糊度过的。七个月时还不会坐，八个月时也不会爬。父亲去世时，大姐、二姐都已出嫁，家中剩下三姐才十二岁，三哥才九岁。三姐要帮母亲缝衣送衣，三哥不是去读书就是去学徒，或到街巷中做小叫卖。大家都没空照顾小庆春，不是让他躺在床上，就是把他背在背上。庆春直到三岁还不会讲话，也不会走路。沉默而宁静的童年，却正好生成了他敏感、纯真、富于幻想的心灵。

白天，小庆春就坐在门外屋檐下，看着母亲洗衣服、扫院子、浇花；再就是看着院子里的树，一棵歪脖儿结大白枣的枣树，一棵结甜酸"莲蓬子儿"的枣树，一棵结小红果的杏树，尤其是枣树，开花时最好看，满院的花香，满院的绿荫，还有在叶子和花底下飞来飞去的叫"花布手巾"的飞虫，以及在枝干上一拱一拱爬行的毛毛虫；有时就看着一线天空，天空飞过小鸟，也能看到来偷吃树上剩余红枣的老鸦；有时看着门楼上屋檐的歪七扭八的古钱瓦，钱眼里长出的青草，青草在秋风中变成黄草；下大雨的时候，就看着院子里积满的水，像小河，小河里漂着树叶，树叶像船。哥哥、姐姐光着脚在河里走来走去。小河上用板凳架起了木桥，妈妈走桥上，从北屋到南屋，又从南屋到北屋。晚上，小庆春就坐在忙着做活儿的母亲旁边，用母亲给的面团儿或者自己伸手就拿到的小棉花球、碎布头，捏成小鸡、小鹅或自己想象中的小动物。

过了三岁，庆春终于能够走路说话了。能自己走到影壁后，白天捉瓜蔓上的蜻蜓蝴蝶，晚上去寻找萤火虫和蟋蟀。也敢大着胆子去黑洞洞、满是泥土的放杂物的南屋里，去摸索寻找可以玩的东西，还真找到了"十几个捏泥饽饽的模子和几个染好颜色的羊拐子"，三姐还专门缝了小布袋把羊拐子装上。他自己动手调黄泥，造出不少的泥饽饽来，强迫着小姐姐买，他的钱便是些破瓷器儿。他还到东屋关二大妈家串门，爬上二大妈顶大顶大的炕上玩耍。特别是一到夏天，关二大妈在屋中老是光着脊背，露着两个极大而会颤动的奶子。他最喜欢用手摸关二大妈的脊背，既光滑又柔软。无论他怎样嚷闹，关二大妈都非常喜欢他。后来关二大妈搬走了，庆春在梦中还哭醒过好几回。

庆春也慢慢从院子里去到院子外，到邻居街坊家串门了。有一次过年，他串门回来就向母亲报告，当铺的刘家宰了两口大猪，放债的孙家请了两座供佛的"蜜供"像小塔那么高，然后就向母亲要有肉的饺子吃。母亲就说："咱们的饺子肉少菜多，但最好吃；因为我们的饺子是自己劳动挣来的，我们的饺子是自己亲手包的，亲手煮的，怎么不最好吃呢？"

庆春慢慢也能替母亲帮忙了。母亲浇花的时候，就帮忙取水；母亲扫地时，就帮着撮土；母亲、三姐洗衣烫衣时，就帮着递烙铁、添柴火、送热水或凉水。有时也由三姐领着他同胡同里别家小孩子在槐树下玩，捡槐虫，编槐花。每到夏天，槐树的叶影遮满了地，微风一吹，树影斑驳游移，悬空的绿槐虫便来回地打秋千。夜晚就在树影下玩老鹰抓小鸡，或者捉迷藏，或者叫乘凉的大人们讲故事。

这时最有意思的，是在佛桌下翻出了那些落满尘土的旧书，三本《三侠五义》和好几本《五虎平西》，其中最好看的是一本全是小人儿的书，书小字儿大，印得有些模糊，他还是当成了宝贝。姑母看到了这本书，就告诉他，哪个是包公，哪个是老陈琳。姑母虽不识字，但喜欢听古戏，听大鼓书词或评讲《包公案》等。这本书使庆春明白了：除了他所认识的人以外，还有一些人是生长在书里的。

稍大一点，庆春就走到小羊圈东口的护国寺里去玩。这是他早就想去的地方，平时在自家院子里，就常听到后院墙外的祈祷歌声、钟声和鼎沸人声。阳光灿烂的时候，站在小羊圈院中央，能望到闪闪发光的琉璃瓦屋顶，大人们说，那是旁边的护国寺。

护国寺是一座古老的寺庙，它与东城的隆福寺齐名，并称为西庙和东庙。护国寺始建于元代，明清两朝又重修过，清康熙帝重修护国寺时还立了碑，乾隆皇帝到寺内游玩时还题过诗。后来就荒废了。来这儿烧香拜佛的人少了，而来这儿做买卖的人多了，演变成了庙市、庙会，并且成为与隆福寺、白塔寺、土地庙、花市齐名的五大庙会之一。每逢庙会，这里热闹非凡，日用杂货、农副产品、古玩字画、花鸟虫鱼、风味小吃等琳琅满目，赶会的人熙熙攘攘。除了定期的庙会外，护国寺平时开设有说书的茶馆，所以护国寺成了上学前的庆春常玩的地方。

当时一些有名的民间艺术家都来这儿唱过戏或说过书。比如"小蜜蜂"张秀峰的滑稽大鼓《刘公案》、阿阔群的评书《小五义》、杨树林的长篇乐亭大鼓《杨家将》《呼家将》。在这儿不仅可以听到施世纶、黄天霸的故事，听到包龙图指挥展昭和"五鼠"为百姓除害的故事，从而初步明白了子继父业、恶有恶报、善有善报等一些简单的道理，在这儿还可以看到大姑娘、小媳妇和咳嗽痰喘的老头们坐在矮凳上一边喝豆汁，一边听说书。到护国寺玩，成了小庆春一种不可多得的乐趣。后来他上小学，也常把小同学带到这儿来听书。他后来写小说，也常把这儿作为小说人物活动的场景。

童年最令庆春难忘的还有跟姐姐、哥哥们一起到北郊的姥姥家玩。庆春的姥姥家在德胜门外，通大钟寺的大路上的一个小村里。村里一共有四五户人家，都姓马，都是农家，同辈中的兄弟很多，有当兵的、做木匠的、做水泥匠的、当巡警的。他们都不富裕，养不起牛马，干活都靠人手，妇女也得下地干活，所以人人都很勤劳、俭朴、诚实。母亲把这种性格一直带到了城市。到姥姥家，沿途可以看到美丽迷人的风景，村野风光为初走出小羊圈胡同的庆春展示了一个奇妙的世界。庆春最喜欢这里的净业湖（又名积水潭）了。净业湖自然景色很美，湖中有荷花、芦苇，芦苇上有蜻蜓、蝴蝶，水里有鱼，水面有捉鱼的翠鸟和白鹭。庆春后来在他的第一部长篇小说《老张的哲学》里写下了他童年美好的记忆："到了德胜桥。西边一湾绿水，缓缓的从净业湖向东流来，两岸青石上几个赤足的小孩子，低着头，持着长细的竹竿钓那水里的小麦穗鱼。桥东一片荷塘，岸际围着青青的芦苇。几只白鹭，静静的立在绿荷丛中，幽美而残忍的，等候着劫夺来往的小鱼。"

在诸多的同辈兄弟中，庆春最喜欢福海二哥。福海二哥是大舅家的，既聪明又能干，庆春洗三时里外张罗主要就是福海二哥的杰作。大约正因为有这层关系，福海二哥也特别亲近小庆春。其实，福海二哥比庆春要大二十来岁，他长得短小精悍，既壮实又秀气，既漂亮又老成。白净的脸圆圆的，眼睛大大的是双眼皮，梳着不紧不松的大辫子，显得既稳重又飘洒。他说话在理又俏皮，举止得体而彬彬有礼。比如，他每次见到庆春母亲，总是俯首急行两步，双手扶膝，前腿实，后腿虚，一趋一停，毕恭毕敬，然后很亲切地叫一声："二姑儿，您好！"而后，从容收腿，挺腰敛胸，双臂垂直，两手向后稍拢，两脚并齐"打横儿"。这是标准的旗人行礼。二哥的行礼，小庆春虽然学不来，但他觉得好看。其实，福海好看的拿手好戏多着呢！他武功身手好，骑马射箭都能来，贵族公子哥们的玩乐一套他也很精。比如他会押宝、抽签子、掷骰子、踢球、"打老打小"，他也知道怎么养鸽子、养鸟、养金鱼。虽然他养不起，也没有工夫养。他不想像一般旗人子弟那样，等着补缺，吃上皇粮。他自己学了油漆彩画的手艺，自食其力，充满了自信。福海二哥的能耐、志向、性格、举止包括说话都给小庆春留下了美的印象，产生了积极的影响。

从私塾到中学堂

　　庆春直到九岁还不识一个字。一是家贫，交不起每月三四吊钱的学费；二是体弱，母亲怕他受人家的欺侮。

　　有一天，刘大叔偶然地来了。刘大叔名叫刘寿绵，身体肥胖，脸手白嫩，衣着华丽。他是一个很富有的亲戚，并不常来。他一进门，看见了庆春，大声地问母亲："孩子几岁了？上学没有？"没等母亲回答完，马上又说："明天早上我来，带他上学！学钱和书籍，大姐你都不必管！"刘大叔贵族味十足，对事儿漫不经心，说话大大咧咧，母亲并不在意。可当天刘大叔就派人送来了笔、墨、砚、书本和一块足够做一身衣服的蓝布。这真是贵人相助，母亲心里甭提多高兴，庆春更是高兴得又蹦又跳。

第二天，庆春随刘大叔来到离家有半里多路的一座道观里。道观院不大，像个大杂院，不同的门里飘出不同的难闻的味道，有大烟味儿、糖精味儿，还有厕所的臭味儿。最后来到一个大殿，大殿很黑而且很冷。神像都用黄布挡着，供桌上摆着孔子的圣像牌位。这就是学校，一共有三十来个学生，学生都朝西坐着，西墙上有块黑板，这是"改良"的私塾。老师姓李，是位死板但富有爱心的中年男人。刘大叔对李老师大声地"嚷"了一顿，而后就叫庆春拜孔子和李老师。李老师给了他两本书，一本是《地球韵言》，另一本是《三字经》。就这样庆春终于上了学。

　　上了私塾，庆春的确太高兴了。第一，自己现在是学生了，可以读书识字了；第二，每天上学与回家，来往于街巷之间，可以自由自在地走走看看，熟悉那满街满巷的好吃的、好看的、好玩的。但他讨厌在私塾里读《三字经》《百家姓》这些书，整天咿咿呀呀，毫无味道。所以他经常逃学，满北京城的大街小巷的转悠。他开始知道，北京端阳节的粽子有三种，一种是官样粽子，是满汉饽饽铺卖的，没有任何馅，是纯糯米的，洁白、娇小；第二种是冰镇过的，多是由沿街挑担的卖蜂糕的代卖；第三种也是沿街吆喝叫卖的，但个儿大，里面有红枣馅，这是最普通的粽子。

他很喜欢果摊上卖兔儿爷的，这是北京特有的风俗。每到中秋节，北京人喜欢用枕形西瓜拜月，用鲜果供养兔子王。古书上说"市中以黄土博成，曰兔儿爷，着花袍，高有二三尺者"。每逢到这时，沿街都是摆兔儿爷的果摊，"一层层的摆起粉面彩身，身后插着旗伞的兔儿爷——有大有小，都一样的漂亮工细，有的骑着老虎，有的坐着莲花，有的肩着剃头挑儿，有的背着鲜红的小木柜"。（老舍《四世同堂》）兔儿爷一般都是人形兔脸，长耳顶盔束甲，骑在虎上的有如将军，挑担子的有如小贩。

庆春最喜欢的是腊月。从腊八开始，街上就开始热闹起来，一派节日景象。货摊子摆满了街道，卖春联的、卖年画的、卖蜜供的、卖水仙花的、卖爆竹的、卖风筝的；临近二十三，过小年、祭灶王爷，街上更是多了卖冬瓜糖、关东糖的。每逢这时，他就感到快盼到过新年了，盼到穿新衣新鞋、放鞭炮了。

日日上下学途中走街串巷，庆春熟悉了北京街头的每一种水果，这是一个看不尽、吃不上却忘不了的水果世界：各种各样的葡萄、梨、苹果，已经叫人够看够闻够吃的了，偏偏又加上那些又好看好闻好吃的北京特有的葫芦形的大枣、清香甜脆的小白梨、像花红那样大的白海棠，还有只供闻香的海棠木瓜与通体有金星的香槟子，再配上为拜月用的贴着金纸条的枕形西瓜与黄的红的鸡冠花，可就使人顾不得只去享口福，而是已经辨不清哪种香味更好闻，哪种颜色更好看。不仅如此，还有好听的。果贩们的吆喝声犹如歌唱："唉——一毛钱儿来耶，你就挑一堆我的小白梨儿，皮儿又嫩，水儿又甜，没有一个虫眼儿，我的小嫩白梨儿耶！"这些好看的、好闻的、好听的、好吃的、好玩的，给庆春的童年留下了十分美好的印象，他后来将这些美好的记忆都写进了自己的小说中，使他成为地道的北京风俗作家。

刘大叔一直资助庆春上学，从私塾到小学，从小学到中学。同刘大叔接触多了，渐渐地庆春对刘大叔也了解了，对刘大叔家里的事情也知道了不少。刘大叔是阔大爷，他只懂得花钱，却不知道算计。他的财产很快被卖掉了一部分，又被人骗去了一部分。人们吃他的、骗他的，他付之一笑。到庆春中学毕业时，刘大叔家产已经破败殆尽，但刘大叔说话声、笑声照旧洪亮。庆春很为他惋惜，说："到我在中学毕业的时候，他已一贫如洗，什么财产也没有了，只剩了那个后花园。不过，在这时候，假若他肯用心思，去调整他的产业，他还能有办法叫自己丰衣足食，因为他的好多财产是被人家骗了去的。可是，他不肯去请律师。贫与富在他心中是完全一样的。假若在这时候，他要是不再随便花钱，他至少可以保住那座花园，和城外的地产。可是，他好善，尽管他自己的儿女受着饥寒，尽管他自己受尽折磨，他还是去办贫儿学校、粥厂等等慈善事业。他忘了自己。"

后来刘大叔的儿子也死了，自己卖了花园，入庙为僧，夫人和女儿也入庵为尼。这在一般人看起来，真是不可思议，因为他以前住的是高宅深院，吃的是山珍海味，穿的是绫罗绸缎，也曾经嫖过赌过，居然出家了。刘大叔出家以后，不久就做了一座大寺的方丈，人称宗月大师。可是很短时间就被驱逐出来，因为他不惜变卖寺庙产业去救济穷人，而一般方丈的职责是扩充庙产，而不是救苦救难。他后来又去了一个小庙做方丈，这个庙没有任何产业，他一边为庙里的僧众们化斋，一边继续举办他的粥厂等慈善事业，直到一九三九年坐化。

庆春始终对刘大叔充满了崇敬之情。对于他的出家，庆春后来说："对佛学，他有多么深的认识，我不敢说。我却真知道他是个好和尚，他知道一点便去做一点，能做一点便做一点。他的学问也许不高，但是他所知道的都能见诸实行。"庆春更加感激刘大叔对他一生成才和做人的巨大影响。他说："没有他，我也许一辈子也不会入学读书。没有他，我也许永远想不起帮助别人有什么乐趣与意义。他是不是真的成了佛？我不知道。但是，我的确相信他的居心与苦行是与佛极相近似的。我在精神上物质上都受过他的好处，现在我的确愿意他真的成了佛，并且盼望他以佛心引领我向善，正像在三十五年前，他拉着我去入私塾那样！"（老舍《宗月大师》）

一九〇九年，在刘大叔的帮助下，庆春从私塾转入北京西直门内崇寿寺内城第四学区市立第二两等小学堂，编入三年级。到六年级时，转入南草厂第十三小学，因为市立二小改为第四女子小学。应该特别说明的是，后来成为老舍妻子的胡絜青，正是在庆春离开这里以后进这所女子小学读的书，与此同时，庆春母亲为了供养庆春上学，也来到这所女子小学做过勤杂工，为教员做饭，兼打扫校园卫生。

到小学高年级后，庆春学习兴趣上显出了严重偏科，他不喜欢绘画，尤其不喜欢数学。他说："书上满是公式，没有一个'然而'和'所以'。据说，这类书里藏着打开宇宙秘密的小金钥匙。我倒久想明白点真理，如地是圆的之类；可这种书别扭，它老瞪着我。"但庆春逐渐显出对语文的兴趣，他能背诵许多古文和诗词，作文也写得很好，常常得到老师夸奖。南草厂第十三小学实行的是复式班教学形式，即不同年级学生在同一个教室上课，一般一个年级上课，另一个年级就自习或做作业。遇到老师有事的时候，庆春常常在高年级学生中被指定为代课的小老师，领着低年级学生念课文或者上体育课。庆春口才好，谈话幽默，举止文雅，很受小同学们的喜欢。曾当过庆春国文老师的孙焕文先生后来说："我在北平直隶教书多年，庆春文章奇才奇思，时至今日，诸生作文无有出其右者。"

有一次，庆春和同学相约下课以后去放风筝，可恰巧这天考试作文，作文的题目便是《说纸鸢》。庆春很快就写完交卷了，可那个同学还在抓耳挠腮，苦于无从写起。庆春便悄悄对同学说："来，我给你起个头，快点交卷，咱们好去放风筝。"事后，这个同学的作文大受老师称赏，被老师作为范文在全班宣读："纸鸢之为物，起风而畏雨；以纸为衣，以竹为骨，以线牵之，飘扬空中。"老师边念边评说："破题得体，先获吾心。"同学听老师如此夸奖，不免面红耳赤，只好如实向老师坦白，精妙之处，恰是庆春所作。

庆春在小学同学中有一位极要好的朋友，他就是后来成为著名语言学家的罗常培。每逢下午放学后，他俩就一起到回家路上的小茶馆里去听评书《小五义》或《施公案》，钱总是由罗常培付。

庆春有时也带罗常培逛自家附近的护国寺庙市，看看花鸟鱼虫、古玩字画，尤其是他们感兴趣的兔儿爷、杂拌儿、爆竹、风筝、空竹、口琴等。两人也曾"对揪小辫子打架"，过后就把打架的事忘到九霄云外，两人仍是最要好的朋友。罗常培最赞赏庆春的性格，他说："一个小秃儿，天生洒脱，豪放，有劲，把力量蕴蓄在里面而不轻易表现出来，被老师打断了藤教鞭，疼得眼泪在眼睛里乱转，也不肯掉下一滴泪珠或讨半句饶。"（罗常培《我与老舍》）

家庭的艰苦境遇养成了庆春的骨气和毅力。他从来不在乎衣着、饮食的困窘，也从不想富家子弟们常玩的那些游戏：养鸟、养鱼、放鸽子、放风筝、斗蛐蛐。他喜欢读书，在书中寻找乐趣，也希望能早日读书有成，减轻母亲的负担。小学时，庆春经常中午吃不上午饭。他一听到母亲说"今儿中午没饭了"，总是扭头就回学校。他不愿让母亲看见自己挨饿的样子，也怕看见母亲那充满内疚、痛苦的表情。他常常饿着肚子上下午的课，也总穿着补了很多补丁的旧袜子。大姐给他做了一双新袜子，他却舍不得穿，他用不着和别人比阔气。所以，庆春很早就形成了自己对人情世故的看法。对此，最了解他的罗常培说："由于幼年境遇的艰苦，情感上受了摧伤，他总拿冷眼把人们分成善恶两堆，疾恶如仇的愤激，正像替善人可以舍命的热情同样发达。这种相反相成的交错情绪，后来随时在他的作品里流露着。"（罗常培《我与老舍》）

一九一二年底，庆春从南草厂第十三小学毕业，一九一三年初考入北京市立第三中学，分在初中一年级四班。这是一所环境幽雅的学校，校址在北京西城区祖家街，校名至今未变。当时学校收费很贵，由于交不起学费，庆春只在这里读了半年书。

从师范生到校长

　　庆春小学毕业时，亲友们都希望他去学手艺或做小买卖，以减轻母亲的负担。庆春想，这也未尝不可。福海二哥学得油漆手艺，虽然后来顶大哥在衙门当职，业余仍可操手艺挣钱，钱来得正，社会关系也不错。再说，母亲年龄大了，三姐要出嫁，三哥要成家，还得养活姑母，母亲的确担子太重，该为母亲分忧了。可学手艺又谈何容易，三哥学徒后也卖过花生、樱桃之类的小东西，一年到头在外，帮不上母亲的忙不说，钱未挣多少，还给母亲平添不少担忧牵挂。最主要的是，自己已喜欢上学读书，难以割舍。他说："我晓得我应当去找饭吃，以减轻母亲的勤劳困苦。可是，我也愿意升学。我偷偷的考入了师范学校——制服，饮食，书籍，宿处，都由学校供给。只有这样，我才敢对母亲说升学的话。"

（老舍《我的母亲》）

　　庆春偷考的是北京师范学校。北师是培养小学和国民学校师资的中等学校，因为是试办新学，又直属教育部，算是国立中专。学校学制五年，其中预科一年，本科四年。学校对学生学膳全部实行公费，制服、皮鞋、吃饭、文具等都由学校负责。学生们每年可以得到一套呢制服、两套布制服、两双黑皮鞋、一件呢大衣。制服左前胸有一个小兜，下面两边各有一个大兜。帽子的颜色和制服一样，是带有硬遮的学生帽，上面有一个圆形带"师"字的铜帽徽。上这样的学校，家里可减轻不少经济负担，因此来自穷苦家庭的孩子居多，而入学考试的竞争也非常激烈。

　　这是北京师范学校第一次向社会招生，报名的考生多达千人以上，只择优录取五十名。考试十分严格。经过第一轮体检，剩下八百多人。在第二轮的笔试中，又淘汰六百多人。最后通过复试，定下正取的五十名考生。因考生有来自北京周边省市的，怕正取学生有变化，又定下三十个备取名额。结果正取生全部报到入校。庆春被北师录取，这一年是一九一三年，庆春十五岁。入学时，每个学生要交十元的保证金，这是一笔巨款。母亲作了半个月的难，最后把庆春嫂子结婚陪嫁的两口木箱卖给了打小鼓的，才终于筹足了这笔钱。

上学机会来之不易，庆春十分珍惜读书时间，学习异常用功。学校有严格的作息时间，早上六点起床，六点半吃早饭，八点上课，上午四节课，下午两节课，晚间有自习。学生只有周六晚上可以回家，但在周日晚上必须返校。有一年除夕，那是头一次改用公历，学校规定农历除夕必须返校，不准请假。庆春下午四点多钟才从学校回家，家里只有母亲一个人在等儿子回来吃团年饭。这时姑母已去世，三姐已出嫁，三哥又不在家。吃过团年饭，庆春告诉母亲还得回学校。母亲听了，愣了半天，叹出一口气来，没说什么。庆春慢慢走出门去，母亲跟着儿子送他到了巷口。庆春很木然地走到学校。到了学校，学监先生正在学监室门口站着，见到庆春，像是有着神灵启示似的，笑着对他说："你还是回去吧！"听到这句话，庆春转头飞也似的回到了家中。这时，母亲正对着一支红烛坐着，见儿子回来，她脸上露出了开心的笑容，拿出一个细草纸包来："给你买的杂拌儿，刚才一忙，也忘了给你。"母亲好像有千言万语，但却没有说什么。这个难忘的夜晚，后来庆春把它写进了自己的作品中。

　　北京师范学校是教育部直辖学校，其前身是京师第一师范学堂。学校图书设备齐全，师资力量雄厚，教学方法先进。庆春在这里学习了五年，成绩优异。五年中，庆春的思想、志向和文学兴趣深受校长方还和国文教师宗子威的影响。校长方还，字唯一，江苏昆山人，留有长须，是前清一位进士。他能写会讲，国学造诣深厚，古文与诗词写得很好，字也写得好。他自命不凡，也很能赏识人才。他很欣赏庆春，推荐庆春读《十八家诗钞》和《陆放翁诗集》。庆春也每次把写好的文章诗词请方校长指教。方校长鼓励庆春写作。庆春做教育家和文学家的志向在很大程度上受到方校长的影响。庆春后来一直很感念方校长，他说："使我念念不忘的是方唯一先生。方先生的字与文造诣都极深，我十六七岁练习古文旧诗受益于他老先生者最大。在'五四'运动以前，我虽然很年轻，可是我的散文是学桐城派，我的诗是学陆放翁与吴梅村。他给我一副对子。这一副对子是他临死以前给我写的，用笔运墨之妙，可以算他老人家的杰作。在抗战前，无论我在哪里住家，我总把它悬在最显眼的地方。我还记得它的文字：'四世传经是谓通

德，一门训善惟以永年。'"（老舍《老舍自传》）

国文教师宗威，字子威，江苏常熟人，能诗善词。他每次给学生出的作文题都很灵活，让学生有充分发挥的余地。这样不仅很好地提高了学生的写作能力，又积极培养了学生们的爱国家、爱民族的崇高思想。庆春的作文一直很好，宗先生每次批改作文后，总是按优劣次序摞成一摞发给全班，庆春作文总是最前几名。

庆春在北师读书五年，给同学的印象是性格温和，讲话很幽默。有一次周末，全班留校同学自由齐集教室，请庆春为同班某同学的自造语言（非固定的任何国家语，但类似英语的声调，乱发音的胡扯语）的假演讲作翻译。那位同学乱发一通议论之后，庆春便用装腔作势、激昂慷慨的声调，无限自由地翻译一番，逗得同学们掌声笑声大起。后又以逼真的表情与语音语调，模仿颇孚众望的贵州籍植物学老师陆鋆先生每年暑假前回答同学要求限制考试课题时经常告诫大家的两句格言，"君子之爱人以德，不可以姑息"，同学们拍掌起立，拥上讲台，把庆春举了起来。

庆春在北师就读时，身体矮小单薄，但充满了朝气。他喜爱参加各种文体活动。比如他不会踢球，却是忠实观众，很会当啦啦队长，富有鼓动性，同学们都称他为"大将"。他还是军乐队的号手。军乐队分鼓、号、笛三部，庆春能将三部的乐谱都记住，有时排练指挥不在时，他便替代老师做指挥。庆春还擅长演讲和辩论。当时北师有个周末演讲会，每礼拜六在阶梯大教室举行。庆春常登台演讲，颇具感召力；他也常参加辩论会，而且十有九回会优胜。毕业前夕，正是袁世凯复辟帝制的时候，庆春和班里的几位同学自编自演了一出话剧《袁大总统》，对袁世凯进行了尖锐的讽刺与抨击。

北师的五年，庆春学到了很多很多，无论在思想上还是学业上，对他都是个飞跃。一九一八年，庆春二十岁，以优异成绩毕业。

庆春以品学兼优毕业于北京师范学校，随即经京师学务局分配，任命为京师公立第十七高等小学校兼国民学校（今北京方家胡同小学）校长。庆春十分激动，他后来回忆当时的情形："当我由师范毕业，而被派为小学校校长，母亲与我都一夜不曾合眼。我只说了一句：'以后，您可以歇一歇了！'她的回答只有一串串的眼泪。"（老舍《我的母亲》）

和庆春一起到十七小学教书的还有五位他的同班同

学：南钊芷、肖子帆、程恢仁、张文康、周宝敬。这一班新来的"洋学堂"的科班生，个个踌躇满志，血气方刚。大家齐心协力，决心办好学校，树立师范毕业生的光辉形象。他们整理校园，美化环境；更新教材，开设新课，实行新的教学方法。舒庆春作为年轻校长，很快便在北京教育界出了名。为了表彰舒庆春的工作成就，一九一九年冬，京师学务局派他和另外三位校长一起到江苏去考察小学教育。庆春一行先后在上海、南京、吴县、无锡、南通等地参观了二十多所小学。回到北京后，他们联名写了以《参观苏省小学教育报告》为题的长篇调查报告。

这一年，爆发了五四运动。五月四日这天正好是星期天。庆春同往常一样，吃住在学校，对外界发生的事情一点也不知道。这天下午，北京十几所学校的三千余名学生集合在天安门广场，学生们手举着各种旗子，旗子上面写着"还我青岛""还我主权""取消二十一条""宁为玉碎，不为瓦全"等标语。学生队伍集合后，开始游行。他们南出中华门，进入东交民巷外国使馆区，遭阻拦，改从东长安街直奔赵家楼胡同曹汝霖的住宅。一路上高呼打倒卖国贼曹汝霖、章宗祥、陆宗舆。在曹宅，学生们痛打了章宗祥，火烧了赵家楼。庆春第二天从报纸上才知道这一重大事件。这给他的思想观念带来极大震动。

在此之前，五四新文化思潮就吸引着他，他经常读《新青年》等刊物，喜欢读陈独秀、胡适、鲁迅等人的文章。现在他把他们传播的新思想同五四运动联系了起来。群情振奋，民族的觉醒，青年的责任，使庆春焕发出了一种激情，庆春没有直接参加五四运动，但五四运动给他的思想带来了深刻的影响。他说："首先是：我的思想变了。'五四'运动是反封建的。这样，以前我以为对的，变成了不对。我幼年入私塾，第一天就先给孔圣人的木牌行三跪九叩的大礼；后来，每天上学下学都要向那牌位作揖。到了'五四'，孔圣人的地位大为动摇。既可以否定孔圣人，那么还有什么不可否定的呢？……我还是我，可是我的心灵变了，变得敢于怀疑孔圣人了！这还了得！假若没有这一招，不管我怎么爱好文艺，我也不会想到跟才子佳人、鸳鸯蝴蝶有所不同的题材，也不敢对老人老事有任何批判。'五四'运动送给了我一双新眼睛。""其次是：'五四'运动是反抗帝国主义的。自从我在小学读书的时候，我就知道了国耻。可是，直到'五四'，我才知道一些国耻是怎么来的，而且知道了应该反抗谁和反抗什么。以前，我常常听说'中国不亡，是无天理'这类的泄气话，而且觉得不足为怪。看到了'五四'运动，我才懂得了'天下兴亡，匹夫有责'。这运动使我看见了爱国主义的具体表现，明白了一些救亡图存的初步办法。反封建使我体会到人的尊严，人不该做礼教的奴隶；反帝国主义使我感到中国人的尊严，中国人不该再做洋奴。这两种认识就是我后来写作的基本思想与情感。""假若没有'五四'运动，我很可能终身做这样的一个人：兢兢业业的办小学，恭恭顺顺的侍奉老母，规规矩矩的结婚生子，如是而已。我绝对不会忽然想起去搞文艺。"（老舍《"五四"给了我什么》）

五四运动后的第二年暑假后，庆春被京师学务局提升为京师郊外北区劝学员。庆春的小学校长生涯就此结束，虽然只有短短的两年，却是他在人生道路上走出的最重要的一步，在这里他充分展示了他的才能、强烈的事业心、对教育事业的热情。这种精神、性格、作风的形成对他后来的工作、文学创作、文化活动以及他一生的人生道路都产生深远影响。庆春担任校长两年，也给学校师生员工留下了美好印象，学生、家长们都异口同声称赞舒校长"治校有方"。现在，北京东城区方家胡同小学仍然怀念他们的老校长，他们在校歌中唱道：

我们像花儿在开放，
我们像小鸟在飞翔，
可爱的校园越来越漂亮，
亲爱的教师和蔼又慈祥。
啊！老舍先生，我们的老校长，
远远地望着我们
欢度童年美好时光！

青春关坎

庆春现在是京师郊外北区劝学员。

京师郊外北区劝学员管辖地段包括德胜门、安定门、东直门、朝阳门郊外四大片，具体事务是管理该区域的小学和私塾教育事务，办公处所暂设在德胜门外的华严寺里。这时，他还先后兼任了教育部通俗教育会会员和京师公立北郊通俗教育讲演所所长。

新官上任三把火，而且庆春已在十七小学养成了办事认真的习惯。他的权限比过去大多了，事情比过去多多了，给他实现自己事业理想的可能性更大了。他积极巡视调查辖区内小学和私塾的教学情况，把发现的问题及时写出报告，并提出解决问题的具体措施或办法，上呈京师学务局。他申述有十七所私塾塾师陈腐愚昧、唯利是图、误人子弟，力陈"再四筹思，惟有尽先淘汰私塾为不可缓之举"。其次，是请求学务局和地方行政出面惩处破坏东郊区东坝镇国民学校的奸商劣绅。当局对取消私塾、设立马甸清真国民学校勉强表示同意，对惩处奸商劣绅的建议却支支吾吾。当局嫌庆春事事太较真、太自负，同事中一些无用之辈也乘机冷嘲热讽，地方的奸商劣绅更是对他怀恨在心。

事业的不顺使庆春陷入极度的矛盾、苦闷之中。本来，他想尽心尽力、尽职尽责做劝学工作，但显然那不是一个能容得下纯净心灵的社会。他面临一个选择：要么同流合污，要么逃之夭夭。恰巧，庆春这时从华严寺移住到西城区翊教寺胡同的一所公寓，这里住的大多是外省来京混大学文凭的学生们，庆春很快就加入到他们的吃、喝、玩、赌之中。

庆春这时每月薪水一百多元。这在当时可算相当高的收入。当时，进饭馆吃一顿饭，一份肉丝炒三个油撕火烧，一碗馄饨两个鸡蛋，不过十一二个铜子，再来一壶白干儿，加起来也不过十五个铜子左右。而那时一百个铜板才合大洋七角多一点。庆春每逢拿到薪水，先回家给母亲送点钱。而从家里出来，便觉得世界上非常地空寂，非掏出点钱去不能把自己快乐地与世界上的某个角落发生关系。于是他就去看戏、逛公园、喝酒、买"大喜"烟抽，就剩下不嫖这最后一道防线了。他说："我只是不嫖。无论是多么好的朋友拉我去，我没有答应过一回。我好像是保留着这么一点，以便自解自慰；什么我都可以点头，就是不能再往'那里'去；只有这样，当清夜扪心自问的时候才不至于把自己整个的放在荒唐鬼之群里边去。"（老舍《小型的复活》）

这放纵的吃喝玩乐的日子很快磨蚀了他的身体，加之这时因退婚之事得罪了母亲，庆春精神抑郁，很快就病了，而且病得很重。这一年庆春二十三岁，北京有句俗语，"二十三，罗成关"。庆春后来说："二十三岁那一年的确是我的一关，几乎没有闯过去。"这一年前后，庆春的确几乎面临着事业关、婚姻关、爱情关、人生关、生命关。

他先是觉得浑身发僵，洗澡，不出汗；满街跑，不出汗，身体十分虚弱，甚至不时痰中带点血。庆春知道自己这是得肺痨病了，而且不轻，就赶紧到药店买药吃，却不见效。夜晚，睡不着，睡着了又做怪梦，他仿佛梦见自己已经死去，并可隐隐约约听到亲人的哭声。第二天，他跌跌撞撞地回家，一倒在床上，就起不来了。母亲也不再生儿子的气了，赶紧请来了医生。医生原是太医院的，也不知给庆春开了一些什么药吃，庆春自己昏迷不醒，无法要药方来看，几服药下去，人倒是可以起床了，可是头发却一日之间脱光了，光得像个磁球。这使他无法去上班，只好告病假，决定到西山卧佛寺疗养。

卧佛寺地处香山附近的寿安山南麓，背倚山岩，面向开阔的田野，环境静雅幽美，是疗病修心的好地方。卧佛寺始建于唐代，原有檀木卧佛一座，元代铸造一尊释迦牟尼大型涅槃铜像，因此而得名。整个寺庙实际上是一个大院落，在一条中轴线上依次有四大殿堂，第一座是山门，第二座是天王殿，第三座是三世佛殿，第四座是卧佛殿，为寺庙中心。卧佛身长五米多，全睡卧状，一臂直伸，一臂曲肱而枕。周围还有十二座佛像。据说这是释迦牟尼卧病时，在娑罗树下向他十二个弟子嘱咐一些事情的情景。看到眼前的这一切，庆春这才明白母亲为什么让他选择来卧佛寺疗养，是希望他取佛祖的吉祥保佑。庆春心底里不完全信这些，但见这儿的确清静幽雅，再说寺里有娑罗树，此时正逢夏初，娑罗树白花盛开，花朵如同无数座洁白的小玉塔倒悬枝叶之间。据《日下旧闻考》记述："卧佛寺也以泉水见长，层叠的山岩夹在道路两旁，树木石头星罗棋布，既可游观又可歇坐。寺内两座大殿各卧一佛，长达丈余。寺内有两株娑罗树，树的果实如橡栗，可以治疗心脏病。寺门的西面有一石盘，宽有数丈，石盘下有眼泉水，淙淙琤琤，下击石底，听之冷然。"所以在卧佛寺疗养，真是既养身又养心，很令庆春难忘。

在这期间，庆春也乘隙游览了附近的香山、碧云寺和向南稍远一点的西山八大处等风景名胜。香山是北京西部著名的自然风景园林，地高树密，夏天避暑极佳，秋天的红叶尤为别致喜人。只是这时来的不是时候，没能看到"霜叶红于二月花"的那种美丽景色，但庆春却看到了不少遭英法联军和八国联军先后毁焚的残垣败迹，令人心生怒火。原来香山早为金元明清几代帝王的避暑赏秋之地，至清乾隆帝有景二十八处，而现在只剩下见心斋、昭庙、森玉笏、鬼见愁等几处了。

西山八大处是一个佛寺建筑群，八大处是八座古庙的概称。这群建筑位于西山东麓的翠微山和卢师山上。远看两座山好像一把座椅的靠背，东、北、西三面支脉环抱，南面一片平原。山上青松翠柏红杏绿柳，山间泉水奇石，山下珍草葱郁。八座寺庙，长安寺和灵光寺位于山脚下，三山庵筑于山麓，大悲寺、龙泉庵、香界寺则隐于山腰，宝珠洞和证果寺则在西山顶的虚无缥缈之间。一日之间，庆春能看到这么多寺庙，的确是大开眼界。对于宗教，庆春虽就生在寺庙边上，后来在道观里开始上学，工作又住过寺庙，有时也听母亲、福海二哥他们讲一讲，还有刘大叔的出家等，但他并不怎么信。他游八大处，主要是想逛逛山水，饱览名胜，看看著名建筑，了解中国文化，增加自己的知识和阅历。看得多了，偶尔也往下思考，为什么有那么多人信教信佛，虔诚信教信佛的人为什么他的悲惨命运没有改变呢？他一直在思考宗教这个问题，二十世纪四十年代初他还专门写了《灵的文学与佛教》，谈他对佛教的看法，文中充分表现了他的宗教文化修养。

庆春经过在卧佛寺这段时间的疗养，不仅病彻底好了，对自然、文化、宇宙、人生的领悟也更多了，这儿成为他思想飞越的一个起点，他一直难忘这段经历。他后来的著名小说《骆驼祥子》开头一段故事就是以卧佛寺到八大处一带为地理背景的。短篇小说《大悲寺外》也是以八大处第四处大悲寺为地理背景的。

经过这一场病，庆春认真反省自己：得病是因为染上了恶习，而染上恶习是因为钱多了、工作太清闲了。于是他决定不再去胡闹了，该找正经事做，迟早该放弃目前清闲而又报酬优厚的工作。从西山疗养回来，庆春不再消沉，开始用更多的时间从事"秘密"的文学创作。他尝试用白话文写诗，写小说，在文学写作中寻找一方心灵净土，而且开始寄给杂志。

一九二一年，他的新诗《海外新声》和短篇小说《她的失败》先后发表在日本广岛高等师范中华留广新声社编辑发行的《海外新声》第一卷第二期和第三期上。这两篇作品是迄今所发现的老舍最早的诗歌和小说创作。《海外新声》诗题与刊物同名，显然是"祝词"，全诗共有三节：

一

不是炮弹的炸裂，不是锣鼓的乱碰，
太平洋的潮声，惊醒了多少酣梦。

二

我时时看见你们，虽然没有你们的相片。

坚忍不拔的精神，含在新声的里面。

三

你们挨饿受冻伴着荒岛，

为什么不在这里听杜威、罗素？

要设法超度他们，

快快脱了军国的劫数！

诗的排列形式显然还有旧诗的痕迹，但已是白话诗，语言口语化，不求凝练，但这是当时以胡适的《尝试集》为先声的白话新诗的共同特点，不能排除庆春是读过胡适等尝试性的新诗了；同时，诗中运用的"太平洋的潮声""新声""杜威""罗素"等意象和名称具有强烈的五四思潮文化特征，以及"快快脱了军国主义的劫数"这种强烈的爱国主义情感，与郭沫若《女神》诗的风格是十分接近的。

《她的失败》是一篇短篇小说，全文不到八百字。小说写一位贵族小姐等待邮差送来男友的信的急切心情、收到信瞬间的惊喜和读了一半信后的失望。小说在技巧上的突出之处是抓住人物心理瞬息变化来写，同时还运用了景物环境的烘托手法，笔触很细腻。小说的立意境界虽不算高，但其中小姐和丫头的一句对话"你知道宇宙间，也有热心做事的过错吗？这良心，是要写在条规上吗？"，好像是作者有感而发，很容易让人想起他尽心尽力做劝学员的工作，反而遭到当局厌烦的那种"知音难觅"的感伤。

初恋

　　庆春这次大病，也与母亲为他安排的一桩婚事有关。原来，母亲见儿子有了安定的工作，便想为他张罗婚事。姑娘是母亲结拜姊妹的闺女，长得胖乎乎的，挺讨老人家欢喜。人家习惯叫她"俊妞儿"。老北京人有这样的俗语，"天棚、鱼缸、石榴树、肥狗、胖丫头"，用来形容小康人家的殷实。看得出俊妞儿家境也不错，因此母亲对人对家都很中意，对方的父母也一谈就妥。

　　母亲按旗人的传统，用庆春工作以后所给的生活费的结余，办了比较讲究的定礼：首饰四样——戒指一个、镯子一对、耳环一对、颈圈一个，加上"如意"一柄和"大小八件"点心。按传统，这些首饰象征男方以"家法"约束姑娘，意在使其过门后稳重，"如意"则是祝愿。虽花了不少钱，但母亲心里还是十分高兴。儿子庆春最听话、最孝顺，也最有出息，她要把婚事尽可能办得隆重讲究些。可当母亲跟儿子报喜时，庆春大脑一轰，坚决不从。母亲向他保证，姑娘虽不识字，但模样俊俏，人也很好。一向孝顺的庆春这回仿佛跟母亲犯了横，说："您要再提这事，我就不再养活您了！"

这下母亲为难了，因为放了定礼，再收回来，太叫人家姑娘难为情了。母亲哭了三天。庆春怕太伤了母亲的心，嘴上虽然很硬，内心却十分愧疚，便把大姐、三姐搬回来当救兵，一方面劝说母亲，同意取消这门亲事，另一方面上姑娘家门，姐姐给姑娘父母下跪、磕头，赔了许多不是。定礼总算退回了，可母亲的心伤透了。这以后，母亲变得沉默寡言了，常常闷闷的一个人发愣，每日机械地重复做着事，少了以前的热情，面容突然憔悴衰老了许多。

庆春未能接受母亲为自己安排的婚事，一方面是受了五四新思潮的影响，追求自由恋爱婚姻，另一方面是他心目中一直有位意中人。早在庆春上学的时候，母亲曾到刘大叔家里帮工，庆春也就经常出入刘家大院。在那里，庆春遇见了她——刘大叔的"千金小姐"。他被她那恬静庄重、聪明贤淑、温柔典雅的大家闺秀气质所吸引，尤其是她那迷人的眼神，更让他一见倾心。从卧佛寺养病回城，庆春搬到京师儿童图书馆住，除担任劝学员职务外，还兼管京师学务局所属的儿童图书馆。图书馆与刘家大院只一院之隔。恰巧这时刘大叔创办起贫儿学校，请庆春帮忙管理兼教课。庆春欣然同意，并将好友罗常培、卢松庵等也拉到贫儿学校当义务教员。刘小姐也在帮父亲管理贫儿学校兼教课，庆春与她的接触一下子多了。长时间的单相思，此时突然变成一种实实在在而又朦朦胧胧的恋情，庆春心里好不激动。他后来在一篇散文《无题（因为没有故事）》中详细描述了此时此刻初恋的美妙感觉：

> 　　对了，我记得她的眼。她死了好多年了，她的眼还活着，在我的心里。这对眼睛替我看守着爱情。当我忙得忘了许多事，甚至于忘了她，这两只眼会忽然在一朵云中，或一汪水里，或一瓣花上，或一线光中，轻轻的一闪，像归燕的翅儿，只须一闪，我便感到无限的春光。我立刻就回到那梦境中，哪一件小事都凄凉，甜美，如同独自在春月下踏着落花。这双眼所引起的一点爱火，只是极纯的

一个小火苗，像心中的一点晚霞，晚霞的结晶。它可以烧明了流水远山，照明了春花秋叶，给海浪一些金光，可是它恰好的也能在我心中，照明了我的泪珠。

它们只有两个神情：一个是凝视，极短极快，可是千真万确的是凝视。只微微的一看，就看到我的灵魂，把一切都无声的告诉了给我。凝视，一点也不错，我知道她只须极短极快的一看，看的动作过去了，极快的过去了，可是，她心里看着我呢，不定看多么久呢；我到底得管这叫作凝视，不论它是多么快，多么短。一切的诗文都用不着，这一眼道尽了"爱"所会说的与所会做的。另一个是眼珠横着一移动，由微笑移动到微笑里去，在处女的尊严中笑出一点点被爱逗出的轻佻，由热情中笑出一点点无法抑止的高兴。

我没和她说过一句话，没握过一次手，见面连点头都不点。可是我的一切，她知道；她的一切，我知道。我们用不着看彼此的服装，用不着打听彼此的身世，我们一眼看到一粒珍珠，藏在彼此的心里；这一点点便是我们的一切，那些七零八碎的东西都是配搭，都无须注意。看我一眼，她低着头轻快的走过去，把一点微笑留在她身后的空气中，像太阳落后还留下一些明霞。

我们彼此躲避着，同时彼此愿马上搂抱在一处。我们轻轻的哀叹；忽然遇见了，那么凝视一下，登时欢喜起来，身上像减了分量，每一步都走得轻快有力，像要跳起来的样子。

我们极愿意说一句话，可是我们很怕交谈，说什么呢？哪一个日常的俗字能道出我们的心事呢？让我们不开口，永不开口吧！我们的对视与微笑是永生的，是完全的，其余的一切都是破碎微弱，不值得一做的。

我们分离有许多年了，她还是那么秀美，那么多情。在我的心里，她将永远不老，永远只向我一个人微笑。在我的梦中，我常常看见她，一个甜美的梦是最真实，最纯洁，最完美的。多少多少人生中的小困苦小折磨使我丧气，使我轻看生命。可是，那个微笑与眼神忽然的从哪儿飞来，我想起唯有"人面桃花相映红"差可托拟的一点心情与境界，我忘了困苦，我不再丧气，我恢复了青春；无疑的，我在她的洁白的梦中，必定还是个美少年呀。

纯真的初恋没能开花结果。一九二五年，刘大叔破产，出家当了和尚，刘小姐和她的母亲也削发为尼。

爱的记忆是深刻的。小说《微神》也是以这次初恋为素材的。小说似真非真地描写了小姐出家以后的经历：就在"我"出国的那年，她母亲死了。追求的人蜂拥而至，她接受了一个长相像"我"的青年的爱。由于双方同床异梦，不久便分手了。她为了供养父亲，把自己卖给了一个阔家公子，又因她心不在焉而被赶了出来。为了挣钱，只好利用肉体的本钱，她成了暗娼。她对从南洋回来看她的"我"说："我杀了我自己。我命定只能住在你心中，生存在一首诗里。"小说的结尾，她死了。按照常理讲，结尾应该是真实的，不然，对初恋的情人，很难设计成这样悲惨的结局的。

经过了这一次退婚和初恋的失败之后，庆春从此对恋爱婚姻持一种敬而远之的态度。他本来就腼腆，所以在现实生活中对爱情婚姻越来越谨慎。即使在他早期几部长篇小说之中，也很难找到充满青春气息的恋爱或婚姻的情节或描写文字，这在中国现代小说家中是很少见的一种特殊现象。待庆春的爱情心扉重新打开，已到了他三十二岁，经白涤洲、罗常培等好友的牵线搭桥，结识了胡絜青，而且仿佛瓜熟蒂落一般，两人一谈即成，相伴终生。

庆春从西山卧佛寺疗养返城后，选择了一种全新的生活方式——用工作和学习充实自己。他身兼数职：担任京师郊外北区劝学员，兼任京师公立北郊通俗教育讲演所所长，担任教育部通俗教育会会员，兼管京师学务局所属的儿童图书馆，帮助刘大叔办贫儿学校。白天他一心扑在公务上，晚上到缸瓦市基督教堂附设的英文夜校学习英文，每周五次，每次两小时。

在夜校，庆春结识了夜校主持人、刚从英国回国的神学生宝广林和在这儿兼职的燕京大学教师、作家许地山。通过他们，庆春进一步了解了基督教。宝广林虽到缸瓦市基督教会不久，但正积极筹备从英国人手中接管教会，使之完全中国化。同时组织"青年服务部"和"率真会"，还主持了一些慈善事业。庆春很快成为率真会成员。这个会的会员们都是有兴趣对基督教信仰和青年的全面关怀作出真诚而又坦率的研究的人，他们讨论的主题主要是教育、文化、社会关怀和宗教。这些宗教性的活动使庆春对基督教有了良好的第一印象。宝广林还将自己的英语论文《基督教的大同主义》交给他翻译。许地山是中国现代最具宗教色彩的作家。他出身于台湾一个佛教家庭，十岁左右受洗入了基督教。中学毕业后即在福建等地当中学教员。后考入燕京大学，毕业后留校任教，是文学研究会的发起人之一。一九二三至一九二六年在美国哥伦比亚大学研究院、英国牛津大学研究宗教史、哲学。在伦敦时，许地山与庆春同住一室。他曾为庆春开了一个研修宗教学的书单，尤其是鼓励他走上了文学创作的道路。

一九二二年年初，庆春受洗加入了基督教，这是他作出的重要的人生道路选择。考察他此后的言行，作出这样的选择绝非一时心血来潮。自一九二二年入教至一九二四年他去伦敦前，他一直未曾间断地参加教会的社会性工作，而且相当投入。他兼任了宝广林主持的"西北城地方服务团附设铭贤高等小学及国民学校"的教务主任；翻译了宝广林的《基督教的大同主义》；参与了教会的改建工作，并以教徒的身份起草了《北京缸瓦市中华基督教会现行规约》；担任了缸瓦市中华基督教会主日学主任，并就儿童主日活动的成人化写出了《儿童主日学与儿童礼拜设施的商榷》一文；出国前撰写了《北京缸瓦市伦敦会改建中华教会经过纪略》，对教会改建工作作了详细的总结。由此可见，促使庆春加入基督教这一重要人生选择是有多方面因素的。

首先，他把入教当作服务社会的一种方式，这其中有刘大叔人格的影响，也跟宝广林立志改建中华教会的思想影响有关。他在《北京缸瓦市伦敦会改建中华教会经过纪略》的绪论中说："所谓中华教会者，以华人为中心之教会，亦即以教会为社会之中心也。欲达此者，则社会服务，最关紧要。"他后来在小说《老张的哲学》中借李应的口说："我想只要有个团体，大家齐心做好事，我就愿意入，管他洋教不洋教。"其二，庆春入教又是基于爱国的、改革中国当时黑暗社会的思想观念。由于"本色教会"运动的展开，"中国人自立""摆脱外国人的摆布"的主题更加突出，这对于自幼痛恨洋人的侵略与欺凌的庆春来说是颇具吸引力的。他入教时，缸瓦市伦敦会已在筹备自立的中华教会。他在《纪略》中说："建树中华教会，为信徒之天职……而后宗教事业——以华人为中心之宗教事业——有峥嵘之象矣。"这既能体现他入教的动机,也能体现他入教后的理想。其三,基督教宣扬救世主义,与他的社会理想吻合。他翻译《基督教的大同主义》正是在于文章所宣扬的忍辱负重、普度众生的精神,以及由此达到"天下一家"的基督教大同主义,与他由于自身感受而希求天下穷人都能脱离苦海、过上好日子的人道主义思想一致。其实,他也把这种宗教救世主义融入了他自己的人格之中,形成他的宽容、舍己、奉献、牺牲的人格魅力,而且这种魅力贯穿了他的一生。同时,庆春入教还有促进民智民心的意愿,这与五四文化启蒙运动的背景是一致的。他在《儿童主日学与儿童礼拜设施的商榷》中,从儿童主日学的意义谈到心理学、教育学与儿童主日学的教学原则,主张取消宗教程式化的活动,代之以教给儿童实实在在的知识,并鼓励动手去实践,以便德智体都发展,从而成为有道德、有知识、对社会有用的人。

总之,与其说庆春这时热衷于宗教,不如说这时他在从宗教方面思考和寻求救国、救民、救社会的理想。

一九二二年夏,庆春因受到上司的申斥一气之下辞了职。对此,周围不少人议论纷纷,有的人说他太负气,有的人说他是被迫不得不辞职。庆春全然不顾,他自己最清楚自己做了什么，要去做什么。他要换个环境，换一种活法。应天津南开中学校长张伯苓之聘，庆春到南开中学教国文课，并兼任初中二年级七组辅导员。这儿的工作累多了，薪水也低得多，但庆春感到精神愉快、心里充实。他又摸着了书本，一天到晚接触的都是可爱的学生。他把别的嗜好全戒了，只保留吸烟。他将自己的名字也改为"舒舍予"，以示将革心换面。

南开中学是由著名教育家张伯苓先生发起创办的一所私立中学，学校里新思想活跃，民主、自由空气非常浓厚。五四运动前后，当时知识界的名流，如梁启超、蔡元培、李石曾、吴玉章、吴稚晖、胡适、陶孟和、章士钊等，都曾先后到南开中学作演讲。南开不仅聚集了一批批优秀的教师，更培养出了不少优秀的学生，如周恩来、曹禺等都是南开中学莘莘学子中的佼佼者。南开中学文艺气氛浓厚，学生办有文艺杂志，建有新剧团。新兴话剧每周六在礼堂公演一次，观众主要是学生，学校为每场补助经费，因而观剧学生每人可享受茶点一份，住校生每周六必观剧一次。庆春一有空就去观剧，这种经历对他后来的话剧创作产生了一定的影响。

庆春日常除教课和做好辅导员工作之外，还积极参加校内各种社会活动。他先是被指定为校出版组织的教职工代表，后又被推举为校出版委员会委员。他参加文艺晚会，表演相声，参加南开中学基督教青年会各种小团体的集体活动，并多次发表演说。其中最有代表性的是他在南开中学举行的"双十"庆祝会上的演说，在演说中他说："我愿将'双十'解释作两个十字架。为了民主政治，为了国民的共同福利，我们每个人须负起两个十字架——耶稣只负起一个：为破坏、铲除旧的恶习，积弊，与像大烟瘾那样有毒的文化，我们必须预备牺牲，负起一架十字架。同时，因为创造新的社会与文化，我们也须准备牺牲，再负起一架十字架。"（老舍《双十》）演讲既表达了庆春的宗教观，也表达了他的人生观：信仰耶稣的牺牲精神，信仰的动机是为了铲除封建旧文化，为了寻求民族新社会与新文化，为了实现"民主政治"和"国民的共同福利"。庆春的这种思想，在当时的青年知识分子中较有代表性。

庆春在南开中学另一件有纪念意义的事是创作了短篇小说《小铃儿》，并发表在《南开季刊》第二、三期合刊上。小说写一个小学生小铃儿立志长大打日本，以雪国耻，为在南京战死的父亲报仇。他联合起几个小伙伴，每天练武打拳。一次，他率领小伙伴们袭击了教堂的"小洋鬼子"，被校长以"不守校规，纠众群殴"的罪名开除。小说主题是揭露帝国主义侵略中国的罪行和反动政府的腐败，赞扬了小铃儿们的爱国主义精神。

庆春在南开中学只任教了一学期，便回到北京，被聘为北京教育会的文书。他业余仍参加各种社会活动。他在灯市口公理会基督教堂附设北京地方服务团当干事，兼任京师公立第一中学国文、音乐和修养三门课程，同时仍在缸瓦市基督教堂主持主日学。这段时间，庆春兼任很多工作，大多是义务性的，月收入很低，手头拮据。这是对他意志的一个很好的考验。有一次，好友罗常培到地处北长街雷神庙的教育会会所去看他，见他衣着单薄，庆春苦笑道："昨天把皮袍卖掉，给老母亲添置寒衣和米面了。"罗堂培说："你为什么不早说？我还拿得出这几个钱来。何必在三九天自己受冻？"庆春说："不！冷风更可吹硬了我的骨头！希望实在支持不下去的时候，你再帮助我！"

这时，经宝广林推荐，庆春结识了燕京大学英籍教授艾温士，并由艾温士推荐，得以在业余时间到燕京大学旁听英语。一年后，又经艾温士推荐，他被英国伦敦大学东方学院聘为汉语讲师。一九二四年七月，伦敦大学东方学院召开董事会，正式任命舒庆春为中文讲师，任期五年，年薪二百五十镑，按月交付。东方学院委托驻中国北京代表伍德小姐与他签了聘任合同。对于出国，庆春也犹豫再三。因为母亲年纪大了，哥哥、姐姐经济条件差，照顾不了母亲。庆春明白，母亲性格内向，什么痛苦都收藏在心底，自己忍受。她最疼爱的是庆春，但他却要远去异国他乡，一去就要四五年，眼下世事艰难，谁知母子能否再度相见呢？事实上，庆春这次出国，是继退婚后给母亲感情上的第二次打击。可庆春又想，去英国教书能有较好的收入，也能更好地赡养母亲。而且出国是一个了解西方、了解世界的极好机会，还能快速提高英文水平。他在赴英前书写"笃信好学"条幅赠好友白涤洲，并附题文："读书达理则心平识远，富贵名利无所乞求。旦夕警策守之终身，便是真君子大英雄。"从这一题文，我们可以窥见庆春此时的精神境界。

初登英伦

　　庆春受到伦敦大学东方学院之聘，主要是得到了艾温士教授的鼎力相助。艾温士教授英文全名为 Robert Kenneth Evans，他一八八〇年出生在中国北京，后回英国读书。在英国大学工作时跟威廉·霍普金斯·利斯的女儿结婚。利斯一八八三年受伦敦教会派遣来中国传教，一九一九年因身体原因回英国，一九二〇年始任伦敦大学东方学院中文系教授至一九二四年病逝。艾温士婚后两年即受伦敦会派遣来中国传教，先在武昌民主路基督教堂工作五年，后又到燕京大学神学院做伦敦会代表。一九一八年被调往欧洲。一九二〇年艾温士第二次来北京，在燕京大学教学和服务。

　　庆春一九二一年在伦敦会北京市缸瓦市教堂和艾温士相识，一九二二年便到燕京大学直接旁听艾温士的英文课。庆春的聪明好学给艾温士留下极深的印象，加之庆春在缸瓦市基督教堂服务，工作相当出色，艾温士很赏识。一九二三年年初艾温士因身体原因回国后，便积极促成伦敦大学东方学院聘请庆春做中文讲师。

一九二四年，庆春二十六岁。他告别母亲，告别亲朋好友，乘火车经天津到达上海，从上海登上开往伦敦的德万哈号客轮，船经新加坡时，庆春上岸玩了一天，访问了商务印书馆。九月十四日，德万哈号客轮到达伦敦蒂尔波里（Tilbury）码头。庆春跟着大家往下搬行李，下船。到出口检查护照，他被排在最后一个，等了一个多钟头，接受了两个海关官员的一大套询问，他只要能回答的都回答了。不过，庆春的英语按他自己的说法是一种既不像英语也不像德语的"华英官话"，大概两个英国人也没能听懂，就在他的护照上盖了个戳儿——"Only Month（准停一个月）"，他知道"only"的意思，但此时只顾跟在别的旅客后头去赶车，也就不管这个戳儿了。三天后，东方学院的院长专门为此给英国内务部写了封信："舒庆春先生已于九月十四日乘德万哈号从中国到达本国，并得到一个月的签证。谨请注意，舒先生已经被董事会聘任为学院华语讲师，任期五年，从八月一日开始……舒先生已得到董事会的任命书，如能顺利重新办理签证，本人将不胜感谢！”并宴请了内务部的人，戳儿才被注销了。

接下来是检查行李，看看是否带有违禁物品。"Tobacco（烟）？”"No！”"Silk（丝）？”"No！”海关官员又在行李上画了个圈，终于出了站。他看着别人买车票，他也买了票，看着别人上火车，他也跟着上了火车。从蒂尔波里码头到伦敦市区还有二十多英里。上了车，庆春很快找到了异域风光的感觉。火车内非常清洁舒适。窗外一片绿色。太阳忽隐忽现，绿地的深浅时时变动。远处的绿坡托着黑云，绿色特别深厚。看不见庄稼，处处是短草，有时看见一两只摇尾食草的牛。车很快到达伦敦，停在坎农街站（Cannon Street）。站台上有不少旅客和接客的男女，终于庆春在混杂的人群中看到艾温士教授在向他招手，他像见到救兵一样，心里这才踏实了。他跟艾温士乘地铁到了利物浦街（Liverpool Street），把行李交给了火车站的转运处。艾温士已在他自家附近的伦敦北郊巴尼特（Barnet）镇为庆春找好了住所，与先期到这儿的许地山住在一起。庆春一听要和老朋友住一块儿，心里又惊喜又踏实，有什么比异域遇知己更让人兴奋的呢？庆春和许地山早在北京就是好朋友了。当时他们都参加了宝广林组织的"率真会"和"青年服务部"，大家聚在一起讨论教育、文学和宗教，更多的是讨论如何改造社会和服务社会。在那群人中，许地山是最有影响的人之一，他给庆春的印象极好，庆春说："他有学问而没有架子，他爱说笑话，俗的雅的都有。"比如，有一回他讲过一个《壶》的故事：

很久以前，中国有一个富翁，他收藏有许多古董珍品，后来他在事业上失败了，于是把收藏的古董一件件变卖，最后富翁终于落魄成为讨饭的乞丐。然而即使成了乞丐，有一只壶，他是怎么也不肯割舍的。他带着这只壶到处流浪。当时，另外有一个富翁知道了这件事，千方百计想要得到这只壶。富翁出了很高的价钱想把壶买到手，但是几经交涉，乞丐却坚决不脱手。就这样过了好几年，乞丐已经老态龙钟，连走路都十分困难了。富翁便给乞丐房子住，给乞丐饭吃，暗中等着乞丐死去。没多久，乞丐衰老之极，病死了。富翁高兴极了，觉得盼望已久的这一天终于来临。可是谁知道，乞丐在咽气之前，把这只壶掷到院子里，摔得粉身碎骨。

庆春很喜欢这个故事，经常把它讲给朋友们听，还把故事记录下来。

庆春跟着艾温士教授终于到达了住所。这是一座两层楼的房子，门外同左右邻舍一样都种着花儿，窗沿上也悬着花儿。房子虽不大，但庆春感觉很美。

艾温士先生为庆春介绍了房东。房东是两位老姑娘，是姐妹俩。姐姐头发已经花白了，胖胖的，有点傻，也不说话。接待的是妹妹，她当过教师，说话很快，但语音清晰，庆春大致能听懂她和艾温士的对话。妹妹很感谢艾温士给他们介绍了两位房客。房子不大，楼下是一间客厅、一间饭厅、一间厨房。由厨房出去，有个小院，院子里有几棵玫瑰。院墙其实只是矮矮的木桩，因此可以看见隔壁左右两家院子里的果树和玫瑰等花草。庆春想，英国人几乎家家种玫瑰，难怪英国历史上会有玫瑰战争。楼上是三间卧室，两姐妹合住一间，另两间租给许地山和庆春。庆春进房间时，许地山正在屋里写小说，用的是一本油盐店的账本，笔可是钢笔，时时把笔尖插入账本里去，似乎表示着力透纸背。

许地山是在美国获得了硕士学位，到牛津来继续研究比较宗教学的，因为牛津大学尚未开学，所以先在伦敦住几天。两人都没想到会在伦敦相见。地山告诉庆春，这所房子处处整洁，都是妹妹一个人收拾的。姐姐本来就傻，对于干活更会装"傻"。她们的父亲是开面包房的，死时把买卖给了儿子，把两所房子给了两个女儿。姐妹俩卖出去一所，把钱存在银行吃利息，两人合住一所。妹妹本来可以去做家庭教师，因为姐姐需要人照管，所以就不出去做事。腾出楼上两间屋子租给单身男人住，进些租金，可以维持日常生活。但是这样妹妹每天就多了许多工作，得给大家做早晚餐，得上街买东西，得收拾房间，她给大家洗衣裳，还要用熨斗烫平。除了操持这一切，有时还要给朋友们写信，读两段《圣经》，做些针线。这些已足以使一个女子累得喘不过气来。她们的哥哥从不管她们，她们也从不去求他。西方社会人情淡薄，但却培养了人的独立精神。

接待完庆春这位新房客以后，姐姐戴上大而多花的帽子去做礼拜，妹妹得留在家里做饭，只好等晚上再到教堂去。英国人大多信仰基督教，教堂成为他们社会交际的重要场所。每到礼拜天，无论老太婆还是小孩都去做礼拜，女士们洁服盛装前往，偶尔到教堂的男士更是着装庄重，黑服、礼帽外加文明拐杖，一派英国绅士派头。姐妹俩信仰虔诚，不过姐姐去教堂只是一种习惯，其实牧师讲什么她一句也听不懂，关于这一点许地山一来便发现了。地山是个爱开玩笑的人，这次当姐姐从教堂回来，大家一起吃饭时，地山故意问她，讲道的内容是什么。姐姐傻笑着说，牧师讲的内容很深奥，都是哲学。不过，庆春到伦敦吃第一顿饭，给他留下深刻印象的并不是姐姐的傻笑，而是吃大块的牛肉和喝带甜味儿的英国茶。庆春后来一见牛肉就发晕。

初到伦敦，庆春要休整几天，地山就带着他到伦敦城里城外参观游览。地山喜欢历史，对古生物学有浓厚的兴趣，加之又是搞宗教研究的，所以是极好的向导。他们首先来到位于伦敦市中心的伦敦塔，它是英国皇家历史上的要塞，地处泰晤士河边上，与附近的塔桥成为伦敦的重要标志。伦敦塔是法国诺曼底公爵威廉一世征服英格兰后于一〇七八年开始兴建的。登上伦敦塔中心的白塔，可以看见城堡又分内外城两个部分，内城筑有十三个塔，外城有六个塔和两个堡。白塔内部又分两部分，东部有一个两层楼高的圣约翰教堂，是英国最古老的诺曼底式建筑。站在外城的高高的城墙上，可鸟瞰伦敦全景。东南侧的塔桥横跨河面，是泰晤士河二十多座桥中最美丽的一座；西面可以看见白金汉宫、国会大厦、首相官邸、摄政公园、海德公园、贵族豪华住宅区；东面是港口、工业区，也是伦敦有名的贫民住宅区；北面有国家美术馆、大英博物馆以及庆春受聘的伦敦大学区。

地山还带庆春参观了伦敦其他一些著名的文化古迹，尤其是一些著名的大教堂，比如，圣保罗大教堂是英国国教的中心教堂，也是古典主义建筑的代表；威斯敏斯特大教堂则是英国最具哥特式建筑风格的教堂；还有圣巴塞洛缪大教堂等。这些教堂不仅建筑式样有名，而且大多收藏有一些著名的雕塑和绘画。

几天工夫，他们就把伦敦看了一个大概。通过几天的游览，庆春发现，地山虽然对基督教文化乃至整个西方文化很了解，但他绝不是"月亮也是外国的好"的那种留学生，甚至对英国人有一种过火的厌恶。因为要批判英国人，他甚至于连英国人有礼貌、守秩序和什么喝汤不准出响声等都看成是愚蠢可笑的事儿。地山的这种态度对庆春也产生了影响，使他在伦敦工作的几年中，找到了中国人应有的不卑不亢的风格。不久，地山就到牛津上学去了，庆春也要去东方学院上班了。

英国是欧洲最早设立大学的国家之一。一一六八年，牛津大学得到政府和教会的认可，一二〇九年又从牛津大学分出一部分，成立剑桥大学。这两所著名的大学一直为基督教会所控制，学校只收基督徒入学，不信仰基督教的人全都被拒之门外。由封建时代进入资本主义时代以后，市民阶层力量逐渐壮大，上升的新兴资产阶级对牛津大学、剑桥大学教会的、贵族的教育传统感到不满，于是在一八三六年创立了一所与牛津、剑桥两所大学相对立的新型大学——伦敦大学。伦敦大学的办学目标是："打破社会等级、宗教信仰、性别的限制，使尽可能多的人受到大学教育。"伦敦大学的创始人主张学生应来自各个阶层，教学内容也不应过于狭隘，提倡各种意见自由发表和相互交流，以促进社会的繁荣，反对只让俯首听命于教会的学生获得大学学位的旧习。因此就学生人数而言，伦敦大学是英国最大的一所大学，它是由五十二个学院和研究院联合组成的一所综合性大学，其学院和机构分布在伦敦市中心的布卢姆斯伯里及其周围几英里的范围内。

东方学院是伦敦大学的一个小型书院，有二十间教室和一座漂亮的图书馆。其二三百名学生分为中文、波斯文、阿拉伯文、梵文、班图文和历史六大专业。其中学习中文的学生有几十人，中文教师三人——一位教授、两位讲师。教授就是曾给末代皇帝当过英文教师的庄士敦。伦敦大学实行教授负责制，他之所以聘请舒庆春，大约是因为庆春不仅会英文，而且是北京人，尤其是满族人。庆春来到东方学院后成为教学的骨干力量，但工资却最低，年薪二百五十镑，而当时伦敦一个普通大学生一年费用就是三百镑，剑桥、牛津大学的学生则在四五百镑以上。庆春定期得给母亲寄钱，所以他在衣食上十分俭省，常顾此失彼，几乎一年四季都穿一身哔叽西装，袖口、肘部都磨得生出光亮。

庆春在东方学院是担任中国官话的教学，有时加开一点古文课。按照英国的学制，在大学学系里只有三个固定的教员，即一位教授和两位讲师。教授必须由英国人担任，两位讲师一般是一位英国人、一位外国人。教授一般都是伦敦大学的教授，讲师则不一定都是伦敦大学的讲师，比如庆春就只是东方学院的讲师，而不是伦敦大学的讲师，而只有伦敦大学的讲师才有希望升为教授或副教授。不过，伦敦大学的教授们也不像牛津或者剑桥大学的教授们那样，每年只给学生们作一个系统的演讲，他们必须每天与讲师们一样教课。教授必须是英国人，这显然是英国的一种偏见。据庆春当时了解的情况看，东方学院中国语文系的教授还没有一位真正有点学问的，倒是庆春作为讲师，做了许多教授资格的事。

东方学院里的学生也很特别，不讲年龄、身份、资格，只要交钱，便能上学。所以学生中有七十岁的老头老太婆，也有十几岁的男孩女孩们。教学上，从不作统一的要求，也不统一考试。学生学得五花八门，一个人一个样。比如，有一位老人只专学中国字，只管写，不管念，所以他指定要英国老师教他；另一位老人又只重读音，指定要跟庆春学；更多的是想学习和研究中国古代文化或古典文学的，如元曲、《汉书》之类；还有要学中医的得先过语言关的；也有的是已在中国住过十年八年而想深造的。总之，目的不同，学习内容不同，水平也不同，上课时间也不同，所以庆春忙得一天到晚都有课。

虽然班次多，课目复杂，但学院安排功课表总设法让每个教员空闲半天，星期六下午照例没有课，这样每周有两天的休息。同时，一年分三个学期，每学期只上十个星期的课，所以一年有五个月的假期。不过，假期中还有学生愿意上课的。学生愿意，老师也愿意，因为假期上课的学费便全归老师了。所以，庆春虽然在东方学院任教五年，却很少到英国其他地方去旅游，更没有去欧洲漫游。他除了假期给学生补课外，大部分时间都花在读书和写作上了。

学院每学期开一次茶话会，全校的人均被邀请，不过没有仪式，没人讲演，只有茶点，可以随意地吃。此时师生男女老少聚集一堂，欢声笑语，十分热闹。

庆春好不容易熬到了第一个假期，许地山也从牛津来到伦敦，与庆春一起住，一起玩，一起上街买黄花、木耳，做一两次中国饭吃，两人在一起谈天说地。地山除作宗教研究之外，还兼研究人类学、民俗学、文学、考古学，因此闲扯起来也能海阔天空，嬉笑怒骂，皆成文章。比如他议论男女恋爱，便扯到中世纪的宗教禁欲主义，再扯到原始时代的男女关系，而且可以谈一整天毫无倦容。不过，许地山读起书来却又是废寝忘食的。有一天，庆春和地山一起进东方学院图书馆看书。中午，庆春出去吃饭，地山还是坚持在那儿看，一直待到下午五点，图书馆要关门了，他才走出来，到处找庆春，不住地喊"饿"。

不过，书读多了，难免使人变得痴气傻气呆气。有一次，庆春在"家"，许地山独自一人进伦敦城里。日落时，他回来了，进门便笑，而且不住地摸他刚刚刮过的脸。庆春感到莫名其妙。地山笑着说："教理发师挣了两镑多！"原来，在伦敦理发普通是八个便士，理发带刮脸也不过是一个先令。地山理发的时候呢，理发匠问他什么，他便答应什么，于是理发师给他用香油香水洗了头，电气刮了脸。结账时，地山傻了眼，自认倒霉吧！地山常闹些这样的笑话，这给庆春在异域的生活增添了许多乐趣。

许地山在英国待了两年，由于伦敦不承认他在美国的硕士学位，他花了两年时间才得到牛津大学的硕士学位。两年间，他和庆春在一起的时间虽不多，但两人往来甚密。庆春真正走上文学创作之路，就是在他的鼓励下开始的。庆春对许地山一直是敬慕的，许地山病逝时，他曾撰写长文《敬悼许地山先生》，以表达深切哀思。

读与写

东方学院有一个很好的图书馆，专门收藏关于东方学术的书籍，其中有不少中国书。学院别无娱乐场所，庆春的业余时间几乎全花在到图书馆看书和写作上了。他拼命读英文小说，拿它做学习英文的课本。他常常到街上买些二角钱一本的英文小说，在这些随意买来的小说中，庆春很快发现了自己最爱读的小说——英国大作家狄更斯的小说。

狄更斯是英国十九世纪著名的小说家，英国批判现实主义文学的奠基人，一生著有十四部长篇小说和许多中、短篇小说。他的小说取材于下层市民社会，小说中的人物都是绅士、商人、传教士、高利贷者、校长、学生、孤儿等小人物，这些生活和人物故事都与庆春自己所经历的生活、所熟悉的人物极为相似，让他有一种亲近感；狄更斯前期的小说结构受到中世纪"流浪汉小说"和骑士小说的影响，以一个网络四方的滑稽人物为中心叙述故事，具有传奇色彩，故事性既强又不拘一格，很吸引人；小说的语言也具有一种幽默感，插科打诨，戏谑调侃，很合庆春的兴味。

巴尼特镇离伦敦市区的东方学院很远，庆春每天上班要坐地铁到利物浦街，中途还要转一次车，一趟来回要两个多小时。因此，庆春在巴尼特镇只住了半年，就从伦敦的北区搬到西区的圣詹姆斯广场（St. James's Square）附近。这儿是一个中产阶级居住区，住房比较讲究，文人和画家大多喜欢住在这里。这一带环境幽静，交通便利，附近有霍兰公园、肯辛顿园和著名的海德公园。这些地方有林荫、草地、湖水、禽鸟。每逢周末，游人络绎不绝，尤其是海德公园演说角，更是游客云集。沿着公园漫步，艺术摊点密集，绘画、雕塑琳琅满目。庆春在这儿住了三年，对这一带非常熟悉，后来在小说《二马》中多次描写到这里。

庆春住在圣詹姆斯广场三十一号，与克莱门特·艾支顿夫妇同住一层楼。艾支顿也是租的房子，因在东方学院学习中文，结识了庆春，为了跟他学好中文，就挪出一间房转租给他。庆春与艾支顿约定，他教艾支顿中文，艾支顿教他英文，他出房租，艾支顿提供伙食。艾支顿计划要翻译《金瓶梅》，请庆春协助，庆春欣然同意，所以两人相处非常融洽，一住就是三年。艾支顿是个很有才华的人，但命运坎坷。他出生于一个牧师家庭，自己却不信教。年轻时和一女子私奔，在伦敦结了婚，有三四个小孩。艾支顿好读书，会拉丁文、希腊文、德文、法文，还写过两本关于教育的书。第一次世界大战时，他希望参军，因体质不行被挡在门外，他硬是找到军官，凭谈吐和学识当上了兵，被授予中校军衔。战后，他拿到一笔不小的遣散费，回伦敦教书。为充实提高，他到维也纳听过弗洛伊德的心理学课，然后到牛津的一所补习学校教书。在补习学校，他又与一美国女子恋爱。这位女子出自名家，并获得硕士学位，只是来伦敦旅游，萍水相逢而遇到了艾支顿。她是学经济的，艾支顿在补习学校演讲关于经济的问题，稿子就是她准备的。

艾支顿太太知道此事后与之对簿公堂。牛津与剑桥是英国很保守的地方，艾支顿虽离婚成立，获得自由，按月供给夫人生活费，但他教书的职位却因此丢了。庆春见到艾支顿时，正是他穷困潦倒、狼狈不堪的时候，由工作的新任妻子供养，他则一边学习中文，一边翻译《金瓶梅》。

艾支顿从一九二四年开始翻译《金瓶梅》，共用了五年时间译完，于一九三九年出版。他在初版的扉页上写了"献给我的朋友舒庆春！"，同时在"译者说明"中说："在我开始翻译时，舒庆春先生是东方学院的华语讲师，没有他不懈而慷慨的帮助，我永远也不敢进行这项工作。我将永远感谢他。"可以看出，庆春对艾支顿的翻译给予了很大的帮助，或者说他为《金瓶梅》的英译作出了自己应有的贡献。他生前从未谈过他曾帮助艾支顿翻译《金瓶梅》的事，但他对这部中国古代文学名著的英译本的评价是很高的。他在《中国现代小说》一文中说："明代最杰出的白话小说是《金瓶梅》，由英国人克莱门特·艾支顿（Clement Egerton）译成英语，译本书名是 *The Golden Lotus*。""《金瓶梅》用山东方言写成，是一部十分严肃的作品，是大手笔。奇怪的是，英语本竟将其中的所谓淫秽的章节译成拉丁文，看来是有意让读者读不懂。"

艾支顿的《金瓶梅》英译本在西方是最早最完全的

一个译本，比法文译本早十年，译文优美，译本很受西方读者欢迎。译本于一九三九年初版，后于一九五三年、一九五五年、一九五七年、一九六四年连续重印过四次。一九七二年，有人将初版中简化或删节的诗词补足，并将拉丁文部分译成英文，于一九七二年出版了真正的全译本。

庆春与艾支顿夫妇同住了三年，因租约期满，房东要加租，又难再找到那样便宜又恰好够三人住的房子，大家不得不分开住了。虽不在一起住，但艾支顿还是很挂念庆春，所以他只要有够看电影的钱，便立即打电话约庆春去看电影。而且几乎每隔一个星期，无论有没有钱，总要约庆春到他家去吃饭，自然，庆春也会买些东西送给他们。所以，艾支顿成了庆春难得的好朋友，也几乎是少有的能给庆春留下好印象的英国人。庆春后来回忆说："他不像普通的英国人，他好请朋友，也很坦然的接受朋友的约请与馈赠。有很多地方，他都带出点浪漫劲儿，但他到底是个英国人，不能完全放弃绅士的气派。"（老舍《我的几个房东》）

再说庆春到东方学院工作快两年了，教学已能得心应手，但薪水却常常入不敷出，有时给母亲寄去一点钱之后，自己就所剩无几了。庆春再也忍不下去，便要求校方加薪，理由是："对于我的工作，我是尽了自己的最大努力的，我开设了学生们所想学的所有课程，尽管有些课程不在与我签订合同的范围之内。""考虑到我居住在伦敦的生活开支，以及还要赡养中国寡母的费用，我目前二百五十镑的薪水已不够花用。"这样校方才给他年薪加到三百镑。

　　庆春早已没有了初到伦敦的新鲜劲儿，他开始感到寂寞，也就常常想家。他十四岁就不住在家里了，这时想家，其实是想北京，想过去的一切。过去的事儿，想起来便像一些图画，尤其是那些色彩浓厚的。这些图画常在心中来往，每每在读小说的时候便常常忘了读的是什么，而呆呆地回忆起自己的过去。庆春想，小说中是些图画，记忆中也是些图画，为什么不可以把自己的图画用文字画下来呢？但是，一时又找不到小说写法这样一类的书，怎么办呢？不过，想起以前在国内读过一些中国小说，如《三国演义》《水浒传》《儒林外史》《三侠五义》之类。在缸瓦市教堂做事时，也从朋友们那儿借来读过一些外国小说，有的还是名家的著作。现在因为要学英文，读了狄更斯等人的一些小说，尤其从狄更斯的小说中悟出，原来小说还可以这样写。他说："我决定不取中国小说的形式"。"况且呢，我刚读了 *Nicholas Nickleby*（《尼考拉斯·尼柯尔贝》）和 *Pickwick Papers*（《匹克威克外传》）等杂乱无章的作品，更足以使我大胆放野；写就好，管它什么。"（老舍《我怎样写〈老张的哲学〉》）再说："离开家乡自然时常想家，也自然想起过去几年的生活经验，为什么不写写呢？"（老舍《我的创作经验》）这样，由于狄更斯小说的启发、对故乡的思念，还有"反正晚上有工夫"，庆春便开始写起小说来。

庆春买回三个便士一本的作文簿，用钢笔横写，闲着就写一点儿，课多了，备课紧张就把它放在一旁，大概费了一年的时间。这就是《老张的哲学》。一天，许地山从牛津来伦敦看望他，他就掏出小本子给许地山念了两段。许地山也没作什么评论，只笑了笑，说"寄回国内去吧"。庆春心里没底儿，就寄给国内的罗常培和白涤洲看。罗常培把小说又转给了鲁迅先生。鲁迅先生评价说，地方色彩颇浓厚，但技巧尚有可以商量的地方。当时北新书局的老板李小峰想拿去出版，结果却被郑振铎拉到商务印书馆去了。郑振铎是《小说月报》的主编，曾在伦敦住过几个月，与庆春是朋友。

这样，一九二六年七月，《老张的哲学》在商务印书馆出版的《小说月报》第十七卷第七号开始连载，署名"舒庆春"，自第八号起始用笔名"老舍"。（"'老舍'这个笔名显然是由'舒舍予'派生出来的。当时人们有一种习惯做法，常常取人名中间的一个字，前面再冠以'老'字，形成一种较为随便的亲切的称呼。"）到同年十二月第十二号小说全部登完。老舍收到第一本《小说月报》时非常激动，请朋友们一起到中国餐馆吃了顿"杂碎"。

《老张的哲学》几乎就是在狄更斯小说《匹克威克外传》和《尼古拉斯·尼克尔贝》的启示下写成的。小说取材于市民社会，尤其是在情节结构和人物形象的塑造方面，与《尼古拉斯·尼克尔贝》有很多相似之处。尼克尔贝是位穷乡绅的儿子，十九岁丧父，到一所私立学校做助教。校长把学校当成自己的生意场，以体罚作为教育手段，学校四十几名学生常挨饿挨打。有个半痴的学生叫斯迈克，为校长服役，受虐最重。一天尼克尔贝痛打了校长，与斯迈克逃离学校，两人成为密友。后来尼克尔贝爱上了姑娘马德琳，却遭到一个叫拉尔夫的叔叔的破坏。拉尔夫还进一步破坏尼克尔贝与斯迈克的友谊，直到后来拉尔夫才得知斯迈克是自己的亲生子，心生惭愧，自缢而死。尼克尔贝与马德琳终成眷属。小说中校长和尼克尔贝两个人物和故事与《老张的哲学》中的老张和李应的形象与经历完全可以对应起来阅读。可以说，狄更斯是老舍真正踏上文学道路的启蒙老师。

据罗常培介绍，《老张的哲学》在《小说月报》上发表后，因为语言流利风趣，描写幽默生动，讽刺深刻，令人耳目一新，在当时文坛上颇为轰动，不久编印成书，销路很好，称得上脍炙人口。《老张的哲学》发表后，经许地山介绍，老舍即被接纳为文学研究会的正式会员，会号为一六七号。小说于一九二八年一月作为文学研究会丛书由商务印书馆出版单行本。老舍自己在谈到怎样写作《老张的哲学》时说："在人物与事实上我想起什么就写什么，简直没有个中心；这是初买来摄影机的办法，到处照相，热闹就好，谁管它歪七扭八，哪叫作取光选景！"（老舍《我怎样写〈老张的哲学〉》）老舍的这种摄影机式写作方法显然是受到了狄更斯的《匹克威克外传》和《尼古拉斯·尼克尔贝》的影响，而且也有点这两部小说的"杂乱无章"的缺点。这种写法的优点是，小说极真实地再现了二十世纪初到二十世纪二十年代北京中下层社会的生活图景，同时也展现了老舍下层社会生活的丰富阅历，而且小说所具有的轻松幽默的文笔和讽刺的格调显露了老舍在当时文坛上别具一格的创作才华。

老舍第一次真正尝到了自己的作品印成铅字的喜悦，决定再写一本小说《赵子曰》。他想："材料自然得换一换：'老张'是讲些中年人们，那么这次该换些年轻的了。写法可是不用改，把心中记得的人与事编排到一处就行。'老张'是揭发社会上那些我所知道的人与事，'老赵'是描写一群学生。不管是谁与什么吧，反正要写得好笑好玩"。对于一个作家来说，第一部小说最好写，因为他可以将过去所熟悉的一切人与事都编进小说里去。再继续往后写，就要换角度、讲技法了。老舍自己说："在写'老张'以前，我已做过六年事，接触的多半是与我年岁相同和中年人。我虽没想到去写小说，可是时机一到，这六年中的经验自然是极有用的。这成全了'老张'，但委屈了《赵子曰》，因为我在一方面离开学生生活已六七年，而在另一方面这六七年中的学生已和我做学生时候的情形大不相同了，即使我还清楚的记得自己的学校生活也无补于事。"（老舍《我怎样写〈赵子曰〉》）老舍虽想到了他在北京学生公寓里的生活，但写起小说，还只能是事实少，想象多了。所以小说中只有一两个人有真影子，多数是虚构的，无论是好的还是坏的，都有些理想化。

《赵子曰》于一九二六年年底完成后，即请朋友宁恩承提意见，修改后寄回国内。一九二七年三月，开始在《小说月报》第十八卷第三号连载，至第十一号续完，一九二八年四月由商务印书馆出版单行本。小说出版时，商务印书馆在《时事新报》上登了广告："《赵子曰》这部作品的描写对象是学生的生活。以轻松微妙的文笔，写北平学生生活，写北平公寓生活，非常逼真而动人，把赵子曰等几个人的个性活生生浮现在我们读者的面前。后半部却入于严肃的叙述，不复有前半部的幽默，然文笔是同样的活跃。且其以一个伟大的牺牲者的故事作结，很使我们有无穷的感喟。这部书使我们始而发笑，继而感动，终而悲愤了。"广告强调了小说突出的两个特点，一是人物个性鲜明，二是文笔轻松幽默。

小说中，除李景纯外，基本上都是灰色人物，这一点成为很多评论家批评的缺点：小说未能很好地传达出五四时代青年学生的先进桥梁作用，与时代青年主流相去较远。《赵子曰》一发表，就在社会上引起了争议，褒贬不一。茅盾先生在评价《赵子曰》时说："对于《赵子曰》，作者对生活所取观察的角度、个人私念也不能尽同；然而，不论如何，《赵子曰》给了我深刻的印象，在老舍先生的嬉笑怒骂的笔墨后边，我感到了他对于生活态度的严肃、他的正义感和温暖的心，以及对于祖国的挚爱和热望。"（茅盾《光辉工作二十年的老舍先生》）的确，这本他写于国外的第二本小说投注了他强烈的爱国热情，表现了他对"怎样才能算是一个新青年""怎样才能救民于水火"等问题的思考。小说在写法上仍采用了《老张的哲学》的摄影式写实手法，表现了他生活的厚实、善于讲故事以及沉在生活里面的创作风格。由于小说幽默讽刺手法的运用，人物的性格尤其是弱点"写得过火"，使人读起来可能有些不习惯。这本小说还有一个很大的特点，就是"书里只有一个女角，而且始终没露面"。这也许算是老舍"怕写女人"的又一实例吧！

就在《老张的哲学》发表的同时，老舍接受了校方的建议，开设了一个关于唐代爱情小说的公众讲座。伦敦大学每年要定期举办一些公开性学术讲座，一般在学期开始即把选题、主讲人、时间、地点公布于众，到时即可随意去听，不收费，也不要票。主讲人有的是本校教师，也有校外请来的专家。一九二六年至一九二七年，东方学院安排了四个定期系列学术讲座："东方和非洲诗歌""印度哲学介绍""伊斯兰世界现状""印度行政法"。"唐代的爱情小说"放在"东方和非洲诗歌"系列内，其实这个系列里另外还有人讲"波斯诗歌""穆罕默德·伊克巴尔爵士的诗歌和学说""孟加拉诗歌""印度巫术诗歌""英裔印度诗人"等。

一九二六年七月，院长秘书克莱格小姐给老舍去信问是否愿意作一次公开演讲，并说院长建议的题目是"唐代的爱情小说"，时间是十一月十七日下午五点。老舍欣然同意，并于第三天即拟出演讲提纲，他在给克莱格小姐的回信中写道：

非常高兴接到您的来信，我十分乐意接受院长建议，公开举办"唐代的爱情小说"的讲座。我建议此题分四部分来讲，即：（一）唐代爱情小说的写作进展——这是我讲座的引言；（二）唐代爱情小说的分类和思想（有关伦理、宗教等故事）；（三）对唐代爱情小说的语言和主要书籍的研究；（四）唐代爱情小说对元、明朝戏剧所产生的影响。第二部分是我讲座的最主要部分，约占讲座内容的大半部分。我刚打好了初稿，希望您能告诉我这样是否合适。唯一使我犹豫不决的是不知我的英语能否正确表达我的想法。当然，我将请几位英国朋友来修改我的初稿，以便使讲座能够精确些。我还想把底稿给院长看，以取得他的赞同。

对选题的四点设想，院长看了十分满意。秘书受院长委托，再给老舍写信，通知"从一九二六年八月一日起，舒庆春先生在今后的三年里被任命为标准中国官话和中国古典文学讲师，年薪为三百镑。并规定校长可以根据学生的要求安排课程的时数与次数，授课时间每周最多二十小时；在第一、二学期的末一星期里和第三学期的末两星期里，教师可以应邀进行无附加报酬的额外教学"。

这次演讲如期举行。后来这篇英文讲演稿发表在燕京书院的学刊上。《唐代的爱情小说》是老舍的第一篇学术论文。文中颇有独特见解，比如谈到唐代伎风盛行一时时说："唐代歌伎实际上都是些受过高等教育的女子。再看看那些文人学士的妻妾，就会觉得，举子们爱逛平康巷是毫不足怪的。正如中国人常说的，那些妻妾往往是'黄脸婆'，多数没有受过教育。歌伎们却知书识字，所以那些文人学士的狂放多少是情有可原的。"老舍能站在历史的高度分析唐代文化现象，并作出令人信服的判断，反映了他良好的古代文学修养和观察问题的敏锐性。

老舍在准备"唐代的爱情小说"的讲演稿时，学院秘书告诉老舍，应英国广播公司的邀请，院长推荐老舍到英国广播电台（BBC）用英语作一次汉语知识广播，主要内容是：书写、声调和孔子警句，要求讲五六分钟，时间是九月二十九日。老舍接受了任务，并将内容略改为：声调、书写和文学引语。这次简短的讲座，老舍得到了三基尼——相当于现在的三镑十五便士的报酬，同时促成了另一件事。由于老舍这次广播讲座的成功，不久老舍应邀与同事一起为"灵格风语言中心"编写制作了一套中文教材和配套的录音唱片，这就是《言语声片》。全教材共三十课，分上下两册，上册为注音和英文解释，下册为汉字部分。书中中文部分全部由老舍负责，其中课文、生词均由老舍用毛笔亲手抄写，字迹工整，朗读录音也由他担任，语音清脆、纯正。

《言语声片》在体例上采用注音、英文解释和汉字部分分开，成为今天国外汉语教材普遍参考的模式。汉字注音采用当时流行的威妥玛式拼法。全书由"发音练习"和"课文"两部分组成，书后附有汉字总表。《言语声片》还融进了丰富的文化内容，如北京的地名、老字号；当时的交通工具和轿子、东洋车、人力车；还有各种香烟品牌，以及河南绸、法兰绒"时装"等。课文还有一些简短的议论，侧面反映了老舍当时的文学观点，如"说真的，近来出版的小说实在比以前好得多。因为新小说是用全力描写一段故事，有情有景，又有主义。旧小说又长又沉闷，一点活气没有。况且现在用白话写，写得生动有趣"。

《言语声片》可能是现存最早的对外汉语教学的有声教材，教材在世界上发行多国，所以说老舍为汉语走上世界作出了贡献。

清苦与充实

老舍从圣詹姆斯广场三十一号搬出来之后，到托林顿广场十四号公寓住了半年。托林顿广场位于伦敦市区，离著名的大英博物院和繁华的牛津大街以及两个交通枢纽——尤斯顿车站和国王十字路站都很近。房子为清一色的旧式英国三层小楼。早在维多利亚时代，一些文化名人如著名演员查尔斯·基恩、诗人克里斯蒂娜·罗塞蒂都曾在这里住过。不过，老舍住进这里时，房客已都是一些穷人和穷学生，每周房租是两镑十先令，但住的条件极差。房内的取暖煤气是投币式的，放入一个先令，炉子送出一点温暖，温暖也不过六七尺的范围，人面对炉子总是前面热、背上凉。而且要不住地投币，才有不间断的热。没有钱投了，炉子也就停了，房里像冰窖一样。

伙食就更差了。本来房租里面包括每日的早餐和周末星期天的两餐，但英国人本来就不善烹调，而且这个公寓里的房东老太婆多是老寡妇或老姑娘，为了从穷房客身上挤出点油水，伙食供应就免不了会差了。老舍常说他的胃病应由英国人负责。同时，每日的晚饭还得要出去吃，既费钱，又麻烦。所以，这时老舍去得最多的晚餐地点是一家上海餐馆，这个餐馆有一先令一碗的阳春面，物美价廉，而且很能治他的胃病。

有一次周末，公寓同住的人全都出去游玩、会女朋友去了，中午只剩下老舍一个人在饭厅吃饭，服务员为他一个人做饭而不能放假，心里十分不快。老舍从她的表情上看出来了，吃完午饭就对她说："晚饭我不回来吃了，我上街。"服务员却气愤地冷笑道："Marvelous（太好了）！"把老舍气得说不出一句话来。他后来对朋友宁恩承讲了不止两三次，慨叹穷人到处被人瞧不起，到处被人奚落。所以，在老舍笔下没有几个有人性的英国人。

物质生活是清苦的，但精神生活却是充实的。他每周有二十个小时以上的课时，每天从早上十时到下午七点上课。课余时间，假期和周末，就到东方学院的图书馆里度过,在这里读书和写作。图书馆有丰富的藏书和幽静的大院,老舍在这里阅读了从古希腊到近代欧洲的文学名著和历史,在这里完成了《老张的哲学》《赵子曰》和后来的《二马》三部长篇小说共四十五万字的写作。

老舍在二十世纪四十年代写了一篇回顾他在英国读书情况的文章《写与读》,文中所述他读过的西方文学名著可以列一个长长的名单:

荷马的"《衣里亚德》《奥第赛》",古希腊三大悲剧作家作品,古希腊短诗,"阿瑞司陶风内司的喜剧","赫罗都塔司,赛诺风内,与修西地第司""乌吉尔""米尔顿"的作品,但丁的《神曲》,"莎士比亚的《韩姆烈德》",歌德的《浮士德》,"十七八世纪假古典主义的作品","浪漫派的诗歌","英国的威尔斯,康拉德,美瑞地茨,和法国的福禄贝尔与莫泊桑"的作品。

这份从古希腊到近代英法的文学书单表明,老舍是有意识地系统阅读了一些具有代表性的西方文学作品。其实老舍在伦敦读书时也是走过一些弯路的。最开始他抱着字典读莎士比亚的《哈姆雷特》,这是莎士比亚的悲剧名作,可他费了老大力气,并没有得到什么收获。

他想：以我们大学里的英文程度，而必读一半本莎士比亚，是不是白费时间？接下来他又读英译的歌德的《浮士德》，这也是世界名著，不知是不是英译的影响，他也"丝毫没得到好处"。他疑惑了："为什么被人人认为不朽之作的，并不给我一点好处呢？"后来经朋友的指点，建议他先读欧洲史、古希腊史、古罗马史，然后再去读古希腊罗马的文学，读欧洲文学。他说："这的确是个好主意。从历史中，我看见了某一国在某一时代的大概情形，而后在文艺作品中我看见了那一地那一时代的社会光景，二者相证，我就明白了一点文艺的内容与形式都是事有必至，理有固然。"

老舍系统地阅读外国文学名著，读得稍多一点时，也慢慢地找到了自己的读书方法，这就是应有所选择，并且读而有所获，即选择自己有兴趣的书来读，同时注重从世界名著吸收艺术营养来为己所用。他说："希腊的悲剧教我看到了那最活泼而又最悲郁的希腊人的理智与感情的冲突，和文艺的形式与内容的调谐。""一方面，古希腊的三大悲剧家是世界文学史中罕见的天才，高不可及，一方面，我读了阿瑞司陶风内司的喜剧，而喜剧更合我的口味。假如我缺乏组织的能力与高深的思想，我可是会开玩笑啊，这时候，我开始写《赵子曰》——一本开玩笑的小说。"

老舍除了读小说和戏剧以外，对诗歌和散文也广为涉猎，并且常常将所读的作品艺术风格和趣味加以纵横比较。他说："我喜爱跳动的，天才横溢的诗，而不爱那四平八稳的功力深厚的诗。乌吉尔是杜甫，而我喜欢李白。罗马的雄辩的散文是值得一读的，它们常常给我们一两句格言与宝贵的常识，使我们认识了罗马人的切于实际，洞悉人类。"在一系列名著中，老舍尤其偏爱但丁的《神曲》，他将所有能找到的几种英语译本都找来，散文的与韵文的，对照着全读了一遍，并且搜集了许多关于但丁的论著。他说："我成了但丁迷，读了《神曲》，我明白了何谓伟大的文艺。论时间，它讲的是永生。论空间，它上了天堂，入了地狱。论人物，它从上帝，圣者，魔王，贤人，英雄，一直讲到当时的'军民人等'。它的哲理是一贯的，而它的景物则包罗万象。它的每一景物都是那么生动逼真，使我明白何谓文艺的方法是从图像到图像。天才与努力的极峰便是这部《神曲》，它使我明白了肉体与灵魂的关系，也使我明白了文艺的真正的深度。"

通过阅读世界文学名著，他也为自己的创作找到并确定了风格，即不采用浪漫主义的创作手法，而采用反映"真"的社会与人生的现实主义的创作手法。他说："我佩服浪漫派的诗歌，可是我喜欢假古典派的作品，正像我只能读咏唐诗，而在自己作诗的时候却取法乎宋诗。至于浪漫派小说，我没读过多少，也不想再读。假若我在十六七岁的时候就接触了浪漫派的小说，我也许能像在十二三岁时读《三侠剑》与《绿牡丹》那样的起劲入神，可是它们来到我眼中的时候，我已是快三十岁的人，我只觉得它们的侠客英雄都是二黄戏里的花脸儿，他们的行动也都配着锣鼓。我要看真的社会与人生，而不愿老看二黄戏。"

当然，为了对自己的小说写作有更多的启发和帮助，他阅读了更多的近代英法小说。他花了一年多的时间，昼夜读小说，从英国的威尔斯、康拉德、梅瑞狄斯到法国的福楼拜和莫泊桑等，并且细致地总结了这些名家的作品对自己小说创作的影响。概括地说，一是他喜欢近代小说的写实的态度与尖刻的笔调，这种态度与笔调表明，小说已成为社会的指导者、人生的教科书；文学不只供给人消遣，而是以引人入胜的方法作某一事理的宣传。二是最心爱的作品是不能仿造的，因为那些作品包含有高深的学识和丰富的经验。优秀的作品都是有强烈个性的作品，是模仿不了的。三是多读，不是为了模仿，而是为了得到一种感悟和启示。

老舍在英国几年奠定了西方文学方面的良好修养，这使他能在一九三〇年回国后，先后到齐鲁大学和山东大学任教，开设了文学概论、世界名著研究、欧洲文艺思潮、外国文学史等课程，并形成了自己的文学思想。

老舍说："设若我始终在国内，我不会成了个小说家。"显然，老舍这是承认他开始写小说是在伦敦时受了西方小说的启发和影响。老舍读过的自古希腊至二十世纪初的欧洲文学名家很多，但真正让他钟爱并对他的创作产生直接影响的作家大概主要是三位，一是狄更斯，二是但丁，三是康拉德。相比之下，但丁给老舍是思想上、美学观念上的影响，这种影响是一种内在影响。狄更斯、康拉德给老舍的影响主要是外在的影响。狄更斯启发老舍找到了"小说"这种创作形式，而康拉德启发了老舍更好地写小说，找到小说最好的表达方式和角度。

康拉德是十九世纪末二十世纪初英国文坛上的著名

小说家。他原籍波兰，自幼就酷爱大海，十七岁时即离家漂泊四海，先后在法、英等国的商船或货船上工作，海上生涯持续近二十年之久，从徒工、水手、二副、大副到船长他都干过，足迹遍及南美、非洲、东南亚和澳洲等地。二十岁时开始学习英语，此后主要用英语创作，二十七岁时加入英国国籍。在康拉德的最好的一些小说中，他把英语用得恰到好处。法国著名作家安德烈·纪德曾翻译过康拉德的小说，他说："谁若是想学习英语，他应该读一读康拉德的英语原作。"康拉德一生写过十四部长篇小说，还有很多短篇小说、散文和戏剧。他的小说主要以亚非拉和欧洲为地域背景，以海上生活为题材，是著名的"海洋小说家"。

一九三五年，在康拉德去世十一年之际，老舍写了一篇纪念康拉德的文章《一个近代最伟大的境界与人格的创造者——我最爱的作家康拉德》。文章回顾了他对康拉德小说的感受与评价，以及康拉德对他小说创作思想和实践的影响。从老舍前期创作尤其是读了康拉德小说以后创作的《二马》和《小坡的生日》等，可以看到康拉德给老舍的影响是多方面的。在创作思想上，老舍从康拉德那里懂得了作家应该写自己具有那种生活经验的生活，应该"把内容放到个最适合的形式里去"。老舍最喜欢康拉德的海洋小说。他说："康拉德是个最有本事的说故事者。可是他似乎不敢离开海与海的势力圈。他也曾写过不完全以海为背景的故事，他的艺术在此等故事中也许更精到。可是他的名誉到底不建筑在这样的故事上。一遇到海和在南洋的冒险，他便没有敌手。"老舍从康拉德小说的成功中理解到，他的小说的魅力来自他丰富的海上和热带丛林的生活经验，他的故事都是由记忆中的经验写成。老舍正是从此悟到了创作的深刻道理。

在写作态度上，老舍非常崇拜康拉德严肃的写作态度。他说："从他的文字里，我们也看得出，他对于创作是多么严肃热烈，字字要推敲，句句要思索；写了再改，改了还不满意"。老舍自己写作的"玩命"的严肃、字斟句酌的认真，不能不说是来自康拉德的影响。从康拉德的作品中，老舍还认识到了景物描写在小说中对人物表现的作用。他说："景物与人物的相关，是一种心理的，生理的，与哲理的解析，在某种地方与社会便非发生某种事实不可……他们对于所要描写的景物是那么熟悉，简直的把它当作个有心灵的东西看待……读了这样的作品，我们才能明白怎样去利用背景；即使我们不愿以背景辖束人生，至少我们知道了怎样去把景物与人生密切的联成一片。"（老舍《景物的描写》）此间他写的《二马》一开始就描写伦敦的景物与情境，此后在新加坡写的《小坡的生日》描写南洋风光以表现华人开发南洋之功，景物描写成了表现人物性格和小说主题的重要手段，同时还增添了小说的美的感染力。

康拉德小说的结构方法也对老舍的《二马》有影响。他说："康拉德在把我送到南洋以前，我已经想从这位诗人偷学一些招数。在我写《二马》以前，我读了他几篇小说，他的结构方法迷惑住了我。我也想试用他的方法。这在《二马》里留下一点……我把故事的尾巴摆在第一页"。《二马》是继《老张的哲学》《赵子曰》之后的又一部长篇小说。小说以伦敦为背景，作为异域小说，较之"五四"以来众多以日本为背景的异域小说，首先就是一种新的文学景观。老舍自己说，《二马》的主题是想通过中西民族性的对比，提出学习其他民族的长处，改造中国国民的劣根性的问题。小说指出，中国国民劣根性的根本特征在于民族精神的"老化"。老舍一方面批判老式中国国民的劣根性，另一方面又将国民性改造的希望寄予年轻一代身上。所以说，《二马》是表现老舍"改造国民性"和爱国主义情感的最重要的作品之一。

老舍在谈到《二马》的创作时说："从'作'的方面说，已经有了些经验；从'读'的方面说，我不但读得多了，而且认识了英国当代作家的著作。心理分析与描写工细是当代文艺的特色；读了它们，不会不使我感到自己的粗劣，我开始决定往'细'里写。"（老舍《我怎样写〈二马〉》）所以，在《二马》之中有了恋爱的穿插，而且将性爱的追求与民族的苦闷和忧愤相联系。小说在创作上大胆尝试了倒叙的结构方法，并添入大量的景物描写。

值得一提的是，老舍在《二马》中塑造了伊万斯牧师这"洋牧师"的典型，这一形象显然是以艾温士为原型的。小说中写道："伊牧师是个在中国传过二十多年教的牧师……他真爱中国人：半夜睡不着的时候，总是祷告上帝快快的叫中国变成英国的属国；他含着热泪告诉上帝：中国人要不叫英国人管起来，这群黄脸黑头发的东西，怎么也升不了天堂。"这段话极为尖锐地揭示了伊牧师"洋人"与"牧师"的双重人格，即"牧师"是身份，"洋人"是本性。这并非因为写《二马》时是一九二八年，而艾温士一九二五年夏天游泳时溺水而死，少了那种师生与朋友情谊上的压力。实际上，这里反映着老舍的一种宗教观。他能超越自己与艾温士的私人情分，在小说中借用艾温士的身份，按照生活的本质形态塑造了伊牧师这一典型形象。显然，小说中所刻画的不是伊牧师这一个人，而是伊牧师这一类人。小说中的这一类人，凭着上帝的名誉，打着拯救中国人灵魂的幌子，而内心却时时怀着损害中国人利益的丑恶用心。这是让对基督教深怀敬仰之情、信仰"大同主义"的老舍深恶痛绝的。他是以一种强烈的民族情感和爱国情感在揭露"洋牧师"的丑恶用心。这正是老舍作为中国人的伟大之处。

老舍《二马》完成以后，仍寄给《小说月报》。他说："这本书的写成也差不多费了一年的工夫。写几段，我便对朋友们去朗读，请他们批评，最多的时候是找祝仲谨兄去，他是北平人，自然更能听出句子的顺当与否，和字眼的是否妥当。全篇写完，我又托郦堃厚兄给看了一遍，他很细心的把错字都给挑出来。把它寄出去以后——仍是寄给《小说月报》——我便向伦敦说了

'再见'。"《二马》在《小说月报》第二十卷第五号开始连载，至二十卷十二号续完。一九三一年四月由商务印书馆出版了单行本。

对于《二马》，老舍也不很满意，他在后来总结自己的写作经验时说："《二马》是在英国的末一年写的。因为已读过许多小说了，所以这本书的结构与描写都长进了一些。文字上也有了进步：不再借助于文言，而想完全用白话写。它的缺点是：第一，没有写完便收束了，因为在离开英国以前必须交卷；本来是要写到二十万字的。第二，立意太浅：写它的动机是在比较中英两国国民性的不同；这至多不过是种报告，能够有趣，可很难伟大。再说呢，书中的人差不多都是中等阶级的，也嫌狭窄一点。"（老舍《我的创作经验》）

告别英国

老舍在英国工作五年，几乎都是在伦敦度过的，很少到英伦各地旅游。除了暑假、寒假和春假中，他有时离开伦敦几天到乡间或别的城市去游玩，其余的时间都消磨在这个大城市里了。学校的工作太忙不许他到别处，假期中他有时也得去学校。关键是英国的火车票和旅馆住宿都很贵，老舍微薄的薪水也不许他在这方面多消费。不过，伦敦市内市郊的名胜古迹和可游览的地方他几乎都去过了。老舍在伦敦五年，换了四处住地，住过伦敦的北区、西区、南区，这使得他对伦敦的熟悉像对北京的大街小巷熟悉一样。尤其是最后一年多，老舍在教学上已十分熟练，得心应手，因此生活也更加从容。而且《老张的哲学》和《赵子曰》两部小说的发表，增加了他继续写作的信心。为完成《二马》的写作计划，他将主要精力都用于熟悉伦敦城里的华工和留学生的生活，熟悉伦敦城的人文景观。因此，这时老舍放弃了因受种族歧视而产生的对这傲慢自大国度的本能反感，用一种更加冷静、客观的甚至审美的态度去接近伦敦城这个西方大都市。

老舍了解到，在伦敦的中国人大概可以分作两种人：工人和学生。学生较多住在戈登胡同一带，工人多半住在东伦敦，伦敦人称其为"中国城"。那些没有钱到东方旅行的德国人、法国人、美国人到伦敦的时候，总要到中国城去看一眼，为的是找一些写小说、日记或者新闻的材料。中国城没有什么出奇的地方，就因为住着的是中国人，而中国是个弱国。其实中国学生的境遇也一样。稍微大一点的旅馆是不会租给中国人住的。只有大英博物院后面，戈登胡同里的一些小房子、小旅馆不得已才租给中国学生住。并不是这一带的人们特别多长着一分善心，而是他们吃惯了东方人，中国人的钱更好赚。

中国人的日常习惯也常常让绅士淑女派的英国人看不起。比如，英国人擤鼻子的时候是有多大力量用多大力量，可是喝东西的时候不准出声儿，在公共场合打嗝、抓脑袋、剔指甲、戳牙齿等都是不规矩的、粗俗的。有一回，老舍同一位朋友到艾温士家里吃饭。朋友忍不住打了个嗝，旁边站着一位姑娘，顿时把脸一拉，扭过头跟老舍说："不懂得规矩礼节的人，顶好不要出来交际！"请客的艾牧师顿时觉得有了标榜自己英国人的机会，对那位姑娘说："要不咱们怎得到东方去传教呢？连吃饭喝茶的规矩都等着咱们教给他们呢！"听到这儿，老舍是既生气，又难过。

中国人在海外主要有两大事业，做饭和洗衣服。伦敦也有一些中国饭馆，其中生意最好的要算是状元楼。中国饭馆地方宽绰，价格便宜，所以总是客满。不但暹罗人、日本人、印度人等东方人常常到中国饭馆吃饭，即使英国人也有不少人光顾中国饭馆。一些穷美术家、争奇好胜的胖老太太乃至戴着红领带的社会党员，都常常到这儿喝龙井茶，吃蛋炒饭。当然他们也都想看看中国人是怎样吃饭用筷子不用叉，怎样先吃饭后喝汤，怎样喝茶不加牛奶，怎样吃米不加土豆。因为中国人的这些饮食习惯在一般英国人看来，都是非常愚蠢可笑的。

老舍自己其实也是看不惯吃不惯英国餐馆。他也曾有意去过一些伦敦的饭馆。英国的小饭馆桌子都是石头面的，铁腿儿，桌子擦得晶亮，四面墙上都安着大镜子，把屋子照得光明痛快。点心和面包都在一进门的玻璃窗子里摆着。招待都是姑娘，都是很好看的姑娘，一个个穿着小短裙子，头上戴着小白帽。吃饭的人大多是附近居民，人人手里拿着报纸，专看赛马赛狗的新闻。屋子里只听见跑堂姑娘的脚步声、吃饭的刀叉声，没有说话的声音。几乎所有的人都是一碗茶，加面包和黄油。伦敦也有一些酒馆，酒馆里设雅座，雅座里三面围着墙，全是椅子，中间有一块地毯，地毯上有一张镶着玻璃的方桌，桌子旁边有一架深紫色的钢琴。到酒馆里来喝酒与吸烟的人多半是老头老太太。与饭馆酒馆里的悠闲不一样，一般的伦敦人是非常繁忙的。讲究时间成为伦敦人的突出特点。伦敦最繁忙的要数牛津街。街上汽车东来西往，川流不息，你顶着我，我挤着你。大汽车中间夹着小汽车，小汽车后面紧钉着摩托车。车后面突突地冒着蓝烟，车轮刺啦刺啦地响，喇叭吧吧地乱叫。两旁人行道上的行人，男女老少全像丢了东西似的，扯着脖子往前跑。往下看，只见一把儿一把儿的脚在移动。往上看，只见一片脑袋一点一点地晃动。在这个城市里生活，老舍感到了一种在中国、在北京所不具有的东西。他说:"城市生活发展到英国这样,时间是拿金子计算的:白费一刻钟的工夫,便是丢了,说,一块钱吧。除了有金山银海的人们,敢把时间随便消磨在跳舞,看戏,吃饭,请客,说废话,传布谣言,打猎,游泳,生病;其余普通人的生活是要和时辰钟一对一步的走,在极忙极乱极吵的社会背后,站着个极冷酷极有规律的小东西——钟摆!"(老舍《二马》)每天清晨,当含着露水的空气被英吉利海峡升起的阳光吹暖时,伦敦即开始它忙碌的一天。送牛奶的、卖青菜的稀里哗啦地推着车子跑。工人们叼着小烟袋,一群群地上工。

伦敦真正的繁忙是在冬天。这时,剧院里上演拿手好戏,商店里忙完了秋季大减价,正为圣诞节准备琳琅满目的节日商品。市民争着观看伦敦市长的就职游行,看皇帝到国会行开会礼,买足球赛或者赛马的彩票。此外,还有一个接一个的什么赛狗会、赛猫会、赛菊会、赛腿会、赛车会等等,一直连着圣诞节。圣诞节期间,应是伦敦最热闹的时候了。圣诞节的前一天,伦敦大街小巷人头攒动、摩肩接踵、熙熙攘攘。几乎所有的人都大包小包拿着东西,除了巡警,简直看不到一个空手走道的。街上所有的商店都装饰着五彩灯泡,把货物照得五光十色。处处悬着"圣诞老人",戴着大红风帽,抱着装满礼物的百宝囊。穷小孩子们唱着圣诞歌,挨家挨户上门要钱或者礼物。教堂的钟声和歌声彻夜地在伦敦上空萦绕,唤起人的一种庄严而和美的情感。

紧连着圣诞节的是新年,每到这时,老舍难免想念祖国,想念北京,想念母亲。寂寞之中,便随心所欲到街上走走,到公园转转。这时公园里的树虽然都是枯干疲枝,但地上的绿草却比夏天绿上几倍,尤其是河岸的绿草,在潮气里发出一股淡淡的香味。河里有打瞌睡的小野鸭,河上有叽叽喳喳、飞上飞下的白鸥。看着这些,老舍又禁不住想起北京的净业湖、什刹海了。

伦敦也有与北京不同的美丽的景色。到了春天,阳光灿烂的时候,街边、河边榆树枝纷纷往下落红黄的鳞片,柳枝挂上一层轻黄色。再到四月间,天气忽晴忽雨,树上的黄叶已变成绿叶。不过,这时最吸引人的是公园里的花。花池里的郁金香开得像金红的晚霞,池边上的小白花一片一片则像刚下的雪。老舍把他对伦敦熟悉的这一切都写进了小说《二马》里。正是因为对伦敦已十分熟悉,所以《二马》一开头即设计由伊牧师当向导,带马威去游览伦敦城,他们的游览路线就不是老舍初来伦敦随许地山游览伦敦城的路线了。伊牧师带马威观光了伦敦故宫、圣保罗大教堂和英国国会大厦。这三个地方分别是英国的君权、神权和民权的象征。老舍这样设计，显然表现了他对现代西方资本主义大都市——伦敦的深入了解。

据有关学者考察，《二马》中出现了近四十个地名，其中有街道、大院、车站、码头、展览馆、教堂、公园、河流等，绝大部分都是真实的，经得起核对的。其中著名的街道有相当于北京王府井的商业街牛津大街、交通中心牛津圈，还有游思顿街、皇后门街，以及中国人住的唐人街等；著名的景点有以演说角闻名的海德公园、以花草著称的瑞贞公园、伫立有中国宝塔的植物园。《二马》中的景物描写也都是逼真的，是实写。据老舍的朋友宁恩承回忆，老舍在伦敦时，口袋里常装着零页纸片，"遇见什么可记的景物或可记的话，便写在这零页上，以为查考"。"一次到瑞屈港（Richmon），正是落日，我们坐在山坡上，静看太阳西下，红霞晚照，泰晤士河水溶溶，清风拂面。他掏出他的零页纸片，一一记下来以为他日写景物的材料。所以他写的景物不是粗制滥造的，不是随便乱诌虚构。《二马》中的泰晤士河的红霞日落，是经过一番实际体验工夫的。"
（宁恩承《老舍在英国》）小说中是这样描写他体验的泰晤士河景物的：

从窗子往外看，正看泰晤士河，河岸上还没有什么走道儿的，河上的小船可是都活动开了。岸上的小树刚吐出浅绿的叶子，树梢儿上绕着一层轻雾。太阳光从雾薄的地方射到嫩树叶儿上，一星星的闪着，像刚由水里捞出的小淡绿珠子。河上的大船差不多全没挂着帆，只有几只小划子挂着帆，在大船中间忽悠忽悠的摇动，好像几只要往花儿上落的大白蝴蝶儿。

早潮正往上涨，一滚一滚的浪头都被阳光镶上了一层金鳞：高起来的地方，一拥一拥的把这层金光挤破；这挤破了的金星儿，往下落的时候，又被后浪激起一堆小白花儿，真白，恰像刚由蒲公英梗子上挤出来的嫩白浆儿。

老舍在《二马》中描写的伦敦的雾也是很妙的：

伦敦的雾真有意思，光说颜色吧，就能同时有几种。有的地方是浅灰的，在几丈之内还能看见东西。有的地方是深灰的，白天和夜里半点分别也没有。有的地方是灰黄的，好像是伦敦全城全烧着冒黄烟的湿木头。有的地方是红黄的，雾要到了红黄的程度，人们是不用打算看见东西了。这种红黄色是站在屋里，隔着玻璃看，才能看出来。若是在雾里走，你的面前是深灰的，抬起头来，找有灯光的地方看，才能看出微微的黄色。这种雾不是一片一片的，是整个的，除了你自己的身体，其余的全是雾。你走，雾也随着走。什么也看不见，谁也看不见你，你自己也不知道是在哪儿呢。只有极强的汽灯在空中漂着一点亮儿，只有你自己觉着嘴前面呼着点热气儿，其余的全在一种猜测疑惑的状态里。大汽车慢慢的一步一步的爬，只叫你听见喇叭的声儿；若是连喇叭也听不见了，你要害怕了：世界已经叫雾给闷死了吧！你觉出来你的左右前后似乎全有东西，只是你不敢放胆往左往右往前往后动一动，你前面的东西也许是个马，也许是个车，也许是棵树；除非你的手摸着它，你是不会知道的。

这是一种绝妙的描写，尤其是对伦敦雾的颜色的细腻观察，让人想起英国风景画家透纳笔下的红色的伦敦雾。随着工业社会的进步、伦敦的烟囱的消失，老舍在二十世纪二十年代看到的那种雾现在已看不到了。

老舍观察伦敦的景观、伦敦的华人，也观察了解伦敦的英国人。在他《我的几个房东》一文中客观地记述了他对在英国五年中实际接触的英国人的印象，总体上看，他对这些给他生活上提供过帮助的英国人的印象是好的。但这篇写于一九三六年的散文似乎并不代表他对英国人的看法与评价，因为同小说《二马》中对英国人的仇恨与厌恶差别很大，而看来后者才真正表现了他对英国的看法与情感。在对众多英国人的描写中，老舍表现出了一种强烈的民族自尊，但他对英国人的描写也是客观的。他表现了英国人的冷漠自傲、偏信保守、顽固的种族歧视和民族偏见。他说："中国城要是住着二十个中国人，他们的记载上一定是五千；而且这五千黄脸鬼是个个抽大烟，私运军火，害死人把尸首往床底下藏，强奸妇女不问老少，和做一切至少该千刀万剐的事情的。作小说的，写戏剧的，做电影的，描写中国人全根据着这种传说和报告。然后看戏，看电影，念小说的姑娘，老太太，小孩子，和英国皇帝，把这种出乎情理的事牢牢的记在脑子里，于是中国人就变成世界上最阴险，最污浊，最讨厌，最卑鄙的一种两条腿儿的动物！"老舍也表现了英国人的国家与种族观念强、富于独立精神、有礼貌、爱体面、少空讲、重实际的特点。

老舍与艾支顿夫妇分开以后，住了半年公寓，既费钱，又麻烦。所以，在伦敦的最后半年又找了一次住房，这次是在伦敦南部的斯特里特汉姆（Streatham）区蒙特利尔路（Montrell Road）三十一号。这里离市中心较远，尤其是交通不太方便，到东方学院去要转几次车。房东是达尔曼先生，一家三口，老夫妇带一个女儿。英国人不喜欢谈私事，所以老舍住了半年，只知道老头是个木匠，很勤劳，爱干净，有点积蓄，对世事什么也不知道，只晓得自己的工作是神圣的，英国人是世界上最好的。老头沉默寡言，半年工夫，老舍只听熟了他的三段话。第一段是贵族巴来，由非洲弄来的钻石，一小铁筒一小铁筒的！每一块上都有记号！第二段是做过两次陪审员，非常地光荣！第三段是大战时，一个伤兵没能给一个军官行礼，被军官打了一拳。及至看明了那是个伤兵，军官跑得比兔子还快！不然的话，非让街上的人给打死不可！老头爱看报，家里订有一份《晨报》。读报和听报是这一家最重要的文化生活，并且都认为凡是《晨报》所说的都是对的。达尔曼小姐只读《晨报》的广告，很少读书，读书也只喜欢通俗的爱情故事。

一次，小姐向老舍借一本小说，老舍随手将一本威尔思的幽默故事递给她。她读了一段，脸都气紫了。老舍赶紧出去在报摊上给她找了一本六便士的爱情故事，内容大概是一个女招待嫁了个男招待，后来才发现这位男招待是位伯爵的继承人。小姐看了这本书，马上又露出了笑脸。小姐内心很苦闷，从没有男朋友约她出去玩，往往吃完晚饭便假装头疼，跑到楼上去睡觉。因为在那个经济不景气的国度里，婚姻与金钱是相联系的。所以那时"房东太太的女儿"常常成为留学生的夫人，并不只是小说中的故事，也不只是留学生的荒唐。

房东小姐曾登广告教授跳舞，并声明愿减收半费教老舍跳舞，老舍没接受。但总的来说，老舍与达尔曼一家相处是颇为融洽的，所以老舍在《我的几个房东》一文中很详细地记述了他对达尔曼一家人的印象。

老舍一搬到达尔曼先生家，即给东方学院秘书克莱格小姐写信，信上说:"当我的合同在一九二九年七月三十一日期满后，我就要回中国去。在我回国之前，我将在欧洲大陆逗留两三个月，然后从那里启程回北京。根据您一九二六年十月九日来信的最后一段文字所述，学校'将在我合同期满时，付给我回国的路费'，我想，将我的旅程直接由伦敦算起，这和协议是一致的。"六月十八日，学校通知老舍填写旅费申请表。二十日，学校付给老舍八十镑旅费。老舍如期离开伦敦，前往欧洲。临离开伦敦前，老舍抽空去看望了以前的几家房东。他先回到卡那文路十八号，这儿还是像从前那样寂静、整洁，花红草绿，空气清新，但房东姐妹已老了许多，尤其是妹妹，背已很弯，头发也白了许多。老舍又去看望了共同生活三年的艾支顿夫妇。艾支顿刚刚找到了一份工作，在一家大书局里做顾问，举荐欧洲国家与美国的书籍，经书局核准，他再找人去翻译。老舍将自己出版的小说送给艾支顿作纪念，并邀请他这位翻译《金瓶梅》的人有机会到中国去看看。老舍回中国以后，还打听过艾支顿的消息，知道他已被那个书局聘为编辑。

从巴黎到南洋

　　老舍离开伦敦，跨过英吉利海峡，开始了他向往已久的欧洲大陆漫游。他从法国出发，一个多月时间，先后到了比利时、荷兰、德国、瑞士、意大利，然后返回巴黎住了下来，他忘不了自己的写作，要完成草草收场的《二马》。他想，《二马》以伦敦为背景，《二马》的续篇应以巴黎为背景。这样就在巴黎先住了下来，希望找到一份工作，然后一边工作，一边熟悉巴黎这座城市。

　　巴黎的确是一座美丽的城市，要想了解它的全貌，最好先登上巍峨的埃菲尔铁塔。铁塔是为纪念一七八九年法国资产阶级大革命一百周年并为在巴黎举行万国博览会而建造的。自建成之日起，就成为巴黎的象征和骄傲。登塔俯瞰四周，北面有香榭丽舍大道、凯旋门、爱丽舍宫，东有卢浮宫、巴黎大学区和巴黎圣母院，西面有郁郁葱葱的布洛涅树林。塞纳河和马恩河迎着阳光，波光粼粼，如青丝罗带绕过城市、街道、住宅、森林、山丘，仿佛一幅优美的画卷。老舍到巴黎时正是秋季，秋季是巴黎最美丽的时候。巴黎除了歌剧院前的大道以外，所有的街道都植满了梧桐树，梧桐树是巴黎最具代表性的行道树，尤其以香榭丽舍大道上的梧桐最为出色，整齐精致，大小如一，在凯旋门前，仿佛五步一哨、十步一岗的仪仗队或卫兵排列在大道两旁。从埃菲尔铁塔溯塞纳河而上，便可见到巴黎最著名的教堂——巴黎圣母院。它位于塞纳河心的西岱岛上，是最典型的哥特式建筑，雨果的名著《巴黎圣母院》就是以此为背景的。以巴黎圣母院所在的西岱岛为中心，塞纳河两岸有绵延几公里的旧书摊，书摊沿河岸短墙一溜延伸，这场面不禁使老舍想起北京的隆福寺、东安市场和琉璃厂的情景。

真正体现巴黎文化之都的应是卢浮宫和凡尔赛宫。卢浮宫是一个艺术博物院，常言说，到巴黎的人，要是不去卢浮宫，就不认识巴黎的艺术面目，这里收藏了众多的世界名画，比如达·芬奇的最著名的《蒙娜丽莎》

就陈列在这里。凡尔赛宫是法国也是世界最著名的宫殿之一。要知凡尔赛宫必知波旁王朝，知道波旁王朝就知道法兰西了。其占地面积之大超过了我国的故宫，其造型的对称与排列可比罗马的圣彼得大教堂。其建筑之堂皇，仅从绿、红、黄、青、黑、白等各种颜色的石头即可见一斑，其精细无若看其石阶、石壁、石廊、石柱、石地，其华贵尤以"镜宫"为最，以黄金与水晶镶嵌而成，金碧辉煌。凡尔赛的花园非常美观，它以各种几何图形组合而成，一草一木、一花一石、一柱一池都经过精心设计，其中最让人炫目的是巧夺天工的各式喷泉："太阳神喷泉"，阿波罗在池中驾着金色车马；"龙泉"，巨龙喷水近百英尺高；"海王星座喷泉"九十九支喷水口，其壮观当在晚上与音乐和焰火烘托的时候。

老舍在巴黎看得越多，却感觉巴黎越陌生。他说："凭着几十天的经验而动笔写像巴黎那样复杂的一个城，我没那个胆气。"老舍在伦敦住了五年，在巴黎住了近两个月，还到过像柏林、罗马这些著名的欧洲大城市，但相比之下，他还是对巴黎的印象最好。他对法国人的印象也很好，尤其比英国人好。他对英法人作了三点比较。第一是法国人对人比较尊重。他说："比如以地位说吧，假如一个做讲师或助教的，要是到了德国或法国，一定会有些人称呼他'教授'。不管是出于诚心吧，还是捧场，反正这是承认教师有相当的地位，是很显然的。在英国，除非他真正是位教授，绝不会有人来招呼他。而且，这位教授假若不是牛津或剑桥的，也就还差点劲儿。贵族也是如此，似乎只有英国国产贵族才能算数儿。"第二是法国人非常热情。他说："一个法国人见着个生人，能够非常的亲热，越是因为这个生人的法国话讲得不好，他才越愿指导他。英国人呢，他以为天下没有会讲英语的，除了他们自己，他干脆不愿搭理一个生人。"第三是他觉得法国人好学。他说："一般的说，英国人的读书能力与兴趣远不及法国人。"（老舍《英国人》）

老舍希望在巴黎找点事做，但找不到，身上所带的钱将近花光，没法在巴黎久住了，幸亏巴黎的朋友曾借过一笔钱，要不然就离不开法国了。老舍从巴黎坐火车到马赛，顺便再游览一下马赛。马赛是法国最大的港口、第二大城市，也是法国连接地中海沿岸各国和东方世界的窗口。马赛的历史文化在整个欧洲历史发展中也具有相当重要的地位。游完马赛，老舍最后来到码头，但这时所剩的钱只够买三等船票到新加坡的了。也好，走一程总算离家近一程。再说，他也特别想到南洋去看看，看看康拉德小说中所描写过的海和各色脸与各色服装构成的花花世界，闻闻"那咸的海，与从海岛上浮来的花香"，然后写一本像康拉德一样的海的小说。

海水，看上去像是凝滞不动，静静地、稳稳地在人脚下，甚至西下的夕阳也在平静地照耀着。老舍在大海的沉默中告别欧洲，告别地中海，向东方大海驶来。归途是轻松愉快的。伴随着这种东归的轻松，他开始构思写作一部新的长篇小说。他最不满的是康拉德殖民主义者的白人的观点，他要用事实、用小说来反驳康拉德。他说："不管康拉德有什么民族高下的偏见没有，他的著作中的主角多是白人；东方人是些配角，有时候只在那儿作点缀，以便增多一些颜色——景物的斑斓还不够，他还要各色的脸与服装，做成个'花花世界'。"（老舍《我怎样写〈小坡的生日〉》）老舍想写以中国人为主角的小说，要表扬中国人开发南洋的功绩：树是我们栽的，田是我们垦的，房是我们盖的，路是我们修的，矿是我们开的。毒蛇猛兽、荒林恶瘴，中国人都不怕。中国人赤手空拳打出一座南洋来。没有中国人，便没有南洋。显然，强烈的爱国心和民族情感战胜了他对康拉德小说的偏爱，因为这是原则性问题。原则是原则，艺术是艺术。

小说名叫《大概如此》。以伦敦为背景，描写一对中国青年男女的恋爱故事。男的穷而好学，女的富但遭了难。男的搭救了女的并对她产生了爱情；女的只拿爱作为应酬与报答，结果使男的遭到不幸。小说在船到新加坡时，已写了四万多字。这是一部爱情小说，是老舍的一次尝试。因为此前，他极少专门写爱情，更怕写女性。他说："我怕写女人；平常日子见着女人也老觉得拘束。在我读书的时候，男女还不能同校；在我做事的时候，终日与些中年人在一处，自然要假装出稳重。我没有机会交女友，也似乎以此为荣。在后来的作品中虽然有女角，大概都是我心中想出来的，而加上一些我所看到的女人的举动与姿态；设若有人问我：女子真是这样吗？我没法不摇头，假如我不愿撒谎的话。"（老舍《我怎样写〈赵子曰〉》）

他到了新加坡却忽然终止了写作。新加坡的东方气息使他很快改变了在伦敦五年所生成的观念，他"开始觉到新的思想是在东方"，决定不再写爱情小说。当然，除了这种思想观念上的影响外，其实还有创作方法和生活经历上的影响。老舍在东方学院图书馆所读的小说主要是狄更斯、福楼拜、莫泊桑，包括以写东方题材见长的康拉德，都是现实主义风格的作家，而他创作的《老张的哲学》《赵子曰》《二马》也都是现实主义风格的，而突然改弦更张、避实就虚去编写"罗曼司"——浪漫爱情故事，显然不是老舍的强项。

老舍在船上除了写爱情故事，还有同行者的见闻。先结识的是几个留法中国学生。大家一见如故，很谈得来。不大会儿工夫，就明白了彼此的经济状况：最阔气的是位姓李的，有二十七个法郎；老舍其次，口袋里还有十几个法郎，大家自然都不愿把这点钱花在买香槟酒和吕宋烟上。但空谈还是投机的。有人提议到上海可以组织一个银行，说这话的人是学财政的。老舍只顾听，因为他的船票只到新加坡，上海的事儿没必要去操心。船上还认识了两位印度学生，他们穿得很讲究，也关心中国的事儿。开船的第三天早晨，两个印度学生为了买卖一双袜子打了起来，一个弄了个黑眼圈，一个脸上挨了一鞋底。黑眼圈说："在国内，我吐痰都不屑于吐到他身上！他脏了我的鞋底！"吃鞋底的说："上了岸再说，

130

揍他，勒死，用小刀子捅！"从此两人再不与老舍他们讲话了。船上有两位华侨少年。一个是出来旅游的，由美国到欧洲大陆，再到上海，再回家。他在柏林住了一天，在巴黎住了一天，都是停在旅馆里，没有出门，怕受引诱，因为柏林和巴黎都是坏地方，没意思。他在马赛丢了一只皮箱。另一个华侨少年整天想家，想家之外，就是去看法国姑娘。船上有七八个到安南或上海去的舞女，"最年轻的不过才三十多岁"。三等舱的餐厅总是被她们占据着，她们吸烟、吃饭、抢大腿、练习唱。领导她们的是一个五十多岁的小干老头。舞女们一唱就是两个多小时，干老头老是对她们喊叫，从不夸奖她们。舞女们没事儿的时候还是光着大腿，拉着几个小军官和她们一起玩牌。船上的茶房是个中国人，永远蹲在暗处，不留神便踩了他的脚，他卖一种黑玩意儿，五法郎一小包，舞女们也有买的。

二十多天就这样过去了。听唱，看大腿，瞎扯，吃饭。船上老是这些人，外面老是一样的水，没一件新鲜事儿。没坐过船时想坐船，坐上了船就要痛恨坐船，尤其是坐海船。

老舍在俗称红灯码头的哥烈码头（Clifford Pier）登

岸。这是老舍第二次到新加坡了。第一次是一九二四年七月间前往英国时，途经新加坡曾上岸玩过一天。老舍想去商务印书馆，但又记不得街道，便只好坐上洋车。新加坡车夫大多不识路，加之也听不懂老舍的话，老舍用手一指，车夫便跑下去。老舍心想，商务印书馆要是在这条街上便是皆大欢喜了。事情真巧，商务印书馆正在这条街上。这条街就在大坡的桥南路上，这一带靠近牛车水，是当时新加坡最热闹繁华的华人社区。老舍对这里的商业印象极深："穿红裙的小印度，顶着各样颜色很漂亮的果子。戴小黑盔儿的阿拉伯人提着小钱口袋，见人便问'换钱？'马来人有的抱着几匣吕宋烟，有的提着几个大榴莲。地上还有些小摊儿，玩意儿，牙刷牙膏，花生米，大花丝巾，小铜钮子……五光十色的很花哨。"（老舍《小坡的生日》）

老舍走进商务印书馆分馆，劈头就问门市伙计："你们这儿有《小说月报》吗？"回答说："有。""把最近的两期拿来。"老舍打开《小说月报》，指着长篇连载小说《二马》作者说："这就是我。我要见你们经理。"见到经理，老舍说明了旅途情况，表示要在新加坡找工作，筹足旅费回国。经理姓包，人很客气，可是说事情不太易找，不过介绍他认识南洋兄弟烟草公司的黄曼士先生。黄先生地面熟，好交朋友，他和老舍一面之交后，很快成了朋友。老舍在新加坡半年间，常去黄曼士家吃饭，一同出去玩，喝的茶叶也都是黄曼士送的。老舍写小说的材料，也常常由"黄曼士先生没事就带我去看各种事儿，为的是供给我点材料"。不仅如此，黄曼士一些生平事迹也有不少成了老舍此间写的小说《小坡的生日》中的素材。

朋友归朋友，老舍还得继续去找工作。这次找到中华书局，经理是徐采明先生，老舍说明来意，徐先生带他到了华侨中学。华侨中学是当时新加坡唯一一所华文教育中学，倡办人是陈嘉庚先生，学校创办于一九一九年。校园距市区有十多里，具有相当规模，环境幽雅，交通也很方便。老舍受聘担任国文教师，并搬进了刚刚落成的单身教员宿舍——虎豹楼（The Haw Par Hostel）。老舍支了点钱，买了一条毯子晚上睡觉用，买了一套中不中西不西的南洋服上讲台穿，赊了一部《辞源》用于备课。

新加坡的天气很好。蓝天白云，天蓝得透明，云白得如炼乳。一下雨就更好了，雨来得快，去得更快，沙沙地一阵，又是蓝天白云，路上湿湿的，树木绿得不能再绿，空气里有股凉爽而浓厚的树林子味儿。路的两旁杂生着椰树、槟榔树。路上吸引人的是穿白或黑的女郎，赤着脚，趿拉着木板，嗒嗒地走；还有矮而黑的锡兰人，头缠着花布，一边走一边唱。这一派南洋风光令在工业都市待腻了的老舍耳目一新、心旷神怡。

老舍一到华中，就生起了一种病，身上起满了小红点，发烧。他听人说，"瘀疹归心，不死才怪"！校医来了，给了他两包金鸡纳霜，并告诉他没有生命危险。老舍吃了药，"死"的心理阴影消失了，再加上新加坡的清新空气，病很快就好了。天气老是那么好，没有变化，没有春夏秋冬，学生课后大多不穿衣，赤道上的太阳裸照着人，虽不怎么太热，但却把学生的脸、胳膊和脊背晒得黑黑的。即使穿衣也不多，大多一色白衣，一色的式样，所以看不出奢华与朴素，也分不出阶级或阶层来。

学生们国语都讲得不错，活泼，爱玩球，爱音乐；直爽，不大有礼貌，但无敌意。情感上是亲中国的，愿意听激烈的主张与言语。老舍说："我教的学生差不多都是十五六岁的小人儿们。他们所说的，和他们作文时所写的，使我惊异。他们在思想上的激进，和所要知道的问题，是我在国外的学校五年中所未遇到过的……新加坡的中学生设若与伦敦大学的学生谈一谈，满可以把大学生说得瞪了眼……"（老舍《我怎样写〈小坡的生日〉》）学生们充满生气、活力和希望的精神状态，使老舍感到了一种民族的希望。同时从南洋开发的程度，也看到了中华民族的伟大。老舍决心写一部意在表彰华侨开辟南洋事迹的长篇小说。但对以厚实的生活为创作特色的老舍来说，仅有几个月的工夫，是很难写成的。无法写成人的事情，老舍改写小孩，以小人儿们做主人翁来写出他所知道的南洋。这样，老舍开始写《小坡的生日》。

老舍写《小坡的生日》的思路是：以写新加坡风景为特色，以儿童为故事主人公，而且要有意对抗康拉德那种多以白种人为主角、东方人为配角的写法，以中国人为主角，也只写有肤色的中国、马来、印度的孩子，不写白色种族的小孩和作为侵略者的日本国的小孩，以表现"弱小民族的联合"的主题。写作起来，条件是艰苦的。上午主要是教课和批改作业与卷子，下午又太热。要是晚上写，蚊子又太多，还有老鼠和壁虎的骚扰。所以每晚写出一千字，常常还是精疲力竭。就这样，用了四个来月，写了五六万字。

《小坡的生日》是童话小说，前半写实，是小说，后半写梦，是虚写，是童话。他自己说："幻想与写实夹杂在一处，而成了个四不像了。"对《小坡的生日》的创作，老舍自己还是很满意的，他在一九三三年二月六日给朋友赵家璧的信中和总结创作经验时说："一、《小坡》很得文人——如冰心等——的夸美。二、六万多字长，恰好出本小书。三、是我的得意之笔……为宣传纯正国语的教本"。"最使我得意的地方是文字的浅明简确。有了《小坡的生日》，我才真明白了白话的力量。""这本书好的地方，据我自己看，是言语的简单与那些童话部分。"

第二故乡

　　老舍将杀青的《小坡的生日》交给郑振铎，就匆匆搭船北上回北平，因为母亲来信催了："早早回平。"回到阔别六年的故乡——北平，老舍心里的激动是难以言表的，他说："我真爱北平……我爱我的母亲，怎么爱？我说不出。"回到北平，老舍暂住老同学白涤洲家中，心情非常轻松愉快。一边休息，一边应一些老朋友之邀出去讲演。先是应《学生画报》记者陈逸飞之邀，到北京青年会讲演《谈滑稽》。讲演中，他认为"滑稽与幽默"有联系又有区别，并讲"滑稽"分为四种："自然的滑稽"（即幽默）、"讽刺的滑稽""似非的滑稽"和"透视的滑稽"。然后是应北平师范大学文学团体"真社"之邀，讲《论创作》。讲演这天，下着小雨，老舍就乘势以"雨"开头，谈写景。他说："我坐车出了和平门，抬头一看，天上雨后的残云，泛着桃花色，东一团，西一团，你推我挤，像小淘气儿一般。"接着他说写景就是这么观察来的，随后讲"人物描写""细节支配"……整个讲演信手拈来，水到渠成，十分成功。

师大讲演的真正成功，是改变了老舍的人生观念，也给老舍带来了一种缘分。原来，邀请老舍作这次讲演的联系人是胡絜青。胡絜青是师大三年级的学生，也是"真社"的成员，并且已有诗歌和散文在《京报》上发表。此时除上大学外，课余在北平师范学校兼几节语文课，正好听说青年作家老舍住在北平师范学校教务长白涤洲家中。胡絜青在白先生家里第一次见到了老舍，没说几句话，老舍就答应了，并定下了去讲演的日期。胡絜青回到家里，母亲问她：见到老舍没有？是怎么个人？胡絜青就说："又瘦又弱，人倒是老实。"但心里奇怪，母亲一向思想守旧，不乐意她和男生来往，这一次怎么和往常不同呢？事后才知道，是母亲有意撮合这对青年男女见面的。原来母亲知道女儿老实腼腆，又不认识人，怕把姑娘"搁老了"，就托胡絜青二哥的朋友罗常培留意合适的人家。罗常培恰好是老舍最要好的朋友，就跟胡絜青的母亲首先介绍了老舍。这就是一种缘分。

在恋爱婚姻上，老舍自从初恋受到挫折以后，就一直没有了热情。他在一九二五年九月二日给哥哥舒子祥的信中说："对自己婚事，则对任何女子尚未曾发生恋爱，因我之性情与女人（除去我亲爱的母亲，姊，嫂们）不相投。我主张潇洒无束，女人们讲有理有面；我愿多办社会上的事，妇女则喜办家内的事。"朋友们也催老舍早该考虑终身大事，老舍却说："不能因为结婚而疏远了朋友。"朋友们着急了，反驳他说："你要是再不结婚，会变成个脾气古怪的人，朋友们便不再理你！"老舍这才点头。

其实，老舍这时的兴趣是去做专业作家，不再教书或做别的事情，一心写作。但朋友们纷纷相劝，说当专业作家不容易，必须找个有固定收入的职业为好。这样，老舍就接受了山东齐鲁大学文学院的聘请，一九三〇年七月，赴齐鲁大学文学院任教。

齐鲁大学位于济南南关外，是一所由美国教会创办的大学。校园绿树成荫，楼房为茂密的爬墙虎盘绕，是个"春天花多，秋天树叶美，但是只在夏天才有'景'，冬天没有什么特色"的非正式公园。老舍八月份即到学校报到，暑假还未结束，校园一片宁静，只有偶尔从校园里哥特式教堂尖顶传来的浑厚的钟声。除了太阳要落的时候，校园里不见一个人影。坐在白石凳上，枫树底下，四周不是红花即是绿叶，这儿成了老舍最好的露天临时书房。

到校后，老舍忙着预备功课，他要承担的课程有文学概论、文艺批评、文艺思潮、小说及作法和世界文学名著等。他一边自编讲义，一边阅读翻译他从英国带回来的外国文学与理论的资料。老舍备课认真，讲课也认真。他上课有严格的规矩：一要点名，不准无故缺席；二上课时不准打瞌睡或忙别的事，一经发现立刻当面警告；三不准不领旁听证就来旁听。

工作压力大，生活充实，所以周围的一切都使他感到愉快、亲切和可爱，很快又找回了写作的感觉，他在《一些印象》中记下了对济南湖山水色的印象："济南的秋天是诗境的。设若你的幻想中有个中古的老城，有睡着了的大城楼，有狭窄的古石路，有宽厚的石城墙，环城流着一道清溪，倒映着山影，岸上蹲着红袍绿裤的小妞儿。你的幻想中要是这么个境界，那便是济南。"

"请你在秋天来，那城，那河，那古路，那山影，是终年给你预备着的。可是，加上济南的秋色，济南由古朴的画境转入静美的诗境中了。这个诗意的秋光秋色是济南独有的。上帝把夏天的艺术赐给瑞士，把春天的赐给西湖，秋和冬的全赐给了济南。秋和冬是不好分开的，秋睡熟了一点便是冬，上帝不愿意把它忽然唤醒，所以做个整人情，连秋带冬全给了济南。"

老舍这时才真正感到，来济南教书是来对了。虽然讲富丽堂皇济南远不及北京，讲山海之胜也不及青岛，"可是除了北平，青岛，要在华北找个有山有水，交通方便，既不十分闭塞，而生活程度又不过高的城市，恐怕就得数济南了"。在老舍看来，济南的可爱，还在于它的民风民俗淳朴，城外"朴素的乡民，一群一群的来此地卖货或买东西，不像上海与汉口那样完全洋化"。这使人觉得舒服。（老舍《吊济南》）

心情愉快，参加社会活动也就越来越多。他频频应邀出席校内校外的讲演，被聘为文学院一九三四级的顾问，指导文学研究会的活动。齐鲁大学综合刊物《齐大月刊》编辑部成立时，老舍任编辑部委员、编辑部主任，具体主持编辑部工作。

第一学期终于结束了，老舍回北平探亲。罗常培、白涤洲便紧锣密鼓地撮合老舍和胡絜青的婚事。先是罗常培请胡絜青和老舍到家里吃饭，然后是白涤洲和董鲁安各请他们两人吃饭。几顿饭之后，老舍便给胡絜青写了第一封信。老舍在信中对胡絜青说：咱们不能老靠吃人家的饭来见面，你我都有笔，咱们在信上把心里的话都说出来吧。老舍回济南以后，就每天给胡絜青一封信，有时两三封。一次在信中老舍对胡絜青说："我是基督徒，满族……"胡絜青回信说："没关系，信教自由。"很快，老舍在四月便专程回北平与胡絜青订婚。

这期间，老舍根据三年前发生的日本枪杀济南军民的"五卅惨案"，冒着盛夏酷热完成了长篇小说《大明湖》，寄给上海《小说月报》编辑部，预计次年连载，没想到稿子却在编辑部毁于一九三二年"一·二八"日本飞机轰炸上海的战火中。小说的情节大致是：母女两人为生活所迫，沦落为娼，母亲因不堪忍受经济和肉体上的双重压迫，投大明湖自尽了。当女儿也要跳湖时，被人救起，救她的是弟兄三人，老大娶了她，老三在五卅事件中被杀。老舍对小说稿被毁是感到很惋惜的。他后来与郑振铎先生谈起来时说："《大明湖》像样一点，那一些（指早期几部作品）只是抱着幽默死啃！"然后风趣地说："国难嘛。我想说《大明湖》比咱中国还值钱,可谁相信!"他后来写的《月牙儿》,实际上是《大明湖》的改写。

一九三一年暑假,老舍回北平与胡絜青结婚。按照老舍的意思,打算到香山或颐和园开一间房,旅行结婚,免去一切礼俗,省得结婚那天像耍猴一样被人捉弄。可是母亲坚持要按传统的方式办,老舍是孝子,只好听母亲的。七月二十八日婚礼在西单聚贤堂饭庄隆重举行,参加婚礼宴会的宾朋好友有一百多位。婚礼仪式是半老半新的,老有"父母之命,媒妁之言",新郎到西城宫门口三条迎亲,罗常培、白涤洲做介绍人,宝广林做证婚人,老舍的三哥舒子祥和胡絜青的父亲胡竹轩做主婚人。新婚夫妇叩头,鞠躬,洞房定在灯市口寰瀛饭店。婚后,老舍即对新婚的妻子胡絜青讲,自己有两个小毛病:"一、每天早上起床后,我从不说话,脑子里装满要写的东西。不要奇怪,我绝不是在生气,请你原谅;二、你看见我一个人点起烟卷想事的时候,请千万别理我。"对此,胡絜青是十分理解和支持的,老舍婚后创作上的丰收是与妻子的理解与帮助分不开的。

蜜月还未结束,老舍便偕胡絜青一起回到济南,在齐鲁大学附近租了个三间房的小院住下，从此就算成家立业了。就是在这个小院里，老舍写作了长篇小说《猫城记》《离婚》《牛天赐传》和短篇小说《大悲寺外》《马裤先生》《微神》《开市大吉》《歪毛儿》《柳家大院》《抱孙》《黑白李》《眼镜》《铁牛和病鸭》《也是三角》等，还写了大量的诗与散文。

《猫城记》是一部讽刺小说，写地球上的两个中国人到火星上去探险，飞机坠毁，一个死去，一个沦落到猫人国，小说就此描写了猫人国的政治、军事、外交、文化，表现了猫人的愚昧、落后、麻木、偷安、互相残杀及最后被外人灭绝的情形。《猫城记》充分展示了老舍的创作想象力和幽默讽刺艺术。小说的不足老舍自己也说了出来："猫人的糟糕是无可否认的。我之揭露他们的坏处原是出于爱他们也是无可否认的。可惜我没给他们想出办法来。"（老舍《我怎样写〈猫城记〉》）

《离婚》是老舍此时创作最得心应手的一部。从暑假前大考的时候算起，写到七月十五日，便完成了十二万字。济南的七月是最热的时候，老舍每天七点动手写，写到九点便停下来，剩下一半时间用来睡觉，一半时间用来思索第二天要写的内容，平均每日完成两千字。所以小说比原计划提前一个月完成了。《离婚》以旧北平为背景，集中描写了一群社会底层的小公务员们的灰色无聊生活，表现了腐败的官僚机构中人与人之间互相倾轧又各自营私利己、苟且偷安、无所事事的生活样态。小说充分显示了老舍作品特有的幽默讽刺和北京地方色彩，是老舍的现实主义创作走向成熟的重要作品。一九三四年暑假，老舍又以假期写作的高速度完成了拖了几个月的长篇小说《牛天赐传》。小说描写了牛老夫妇收养的弃婴牛天赐由一个阔少爷沦落为一个卖水果的小贩再立志去读书的经历。由于小说是应《论语》半月刊特约连载的长篇，每一期只要四五千字，既要照顾到故事的连续，又需处处轻松招笑，所以小说主要只在"幽默"上做文章，老舍自己也感到"缺乏深厚的味道了"。

老舍在济南的三四年里还写了大量的幽默诗文，投寄给天津《益世报》副刊《语林》、上海《申报》副刊《自由谈》和上海林语堂等人编辑的《论语》半月刊等报刊。比如一组旧体诗《勉"舍"弟"舍"妹》非常精彩："自古男儿大豆腐，于今妇人小人流，天生明秀如冰雪，得暗溜时即暗溜。""校长糊涂教授刁，年年考试惹风潮，今年幸得安然过，勤写情书慰寂寥。""男儿多恋女多愁，第一婚姻宜自由，国难期间羞跳舞，同居几度最风流。""小诗吟罢笑声新，风雨全家气似春，但愿青年佳子弟，无灾无病尽成神！"

创作上的成功与丰收，给老舍带来了荣誉。但越来越多的约稿信，也给老舍的创作带来了更大的压力。他这时有了两个计划。一个计划是锻炼身体。他说："篮球足球，我干不了，除非有意结束这一辈子。于是想起了练拳。原先我就会不少刀枪剑戟——自然只是摆样子，并不能去厮杀一阵。从五月十四开始又练拳，虽不免近似义和团，可是真能运动运动。因为打拳，所以起得很早；起得早，就要睡得早；这半年来，精神确是不坏，现在已能一气练下四五趟拳来。"另一个计划是希望能在暑后不再教书，而专心写文章，当专业作家去。不过，他又说，这个愿望是不容易实现的，"自己的负担太重，而写文章的收入又太薄；我是不能不管老母的，虽然知道创作的要紧。假如这能实现，我愿意暑后到南方去住些日子；杭州就不错，那里也有朋友"。（老舍《一九三四年计划》）

一九三四年七月中，老舍辞掉了齐鲁大学的职务，八月就到了上海。在上海，老舍第一次与茅盾会面，同时还约好与鲁迅先生会面，老舍派人送信给鲁迅先生，中间要通过一家书店转递，结果信被耽误了。之后，老舍因匆匆回山东，留下了一个永远的遗憾。在这里，老舍也第一次见到了《良友》编辑部的朋友们，其中有赵家璧、郑伯奇、马国亮、丁聪。同诸多文艺界朋友们见面，使老舍很快明白了一种现实，上海"一·二八"以后，书业不景气，文艺刊物很少，"专仗着写东西吃不上饭"。

于是，老舍接受了青岛山东大学的聘书。同样是在大学教书，而且老舍也很喜欢济南，将它视作第二故乡，那他为什么辞去齐鲁大学的教授职务，而愿意接受山东大学一个讲师的职务呢？除了以上所说老舍立志想当专业作家而辞去教职之外，还有一个重要原因，就是老舍在齐鲁大学觉得精神上太压抑了。齐鲁大学是一所教会大学，除了文、理学院之外，还有神学院，校风十分保守。教员们大都洁身自好，不问外事，除了教书之外，别无其他活动。整个学校死气沉沉，一点学术空气也没有。虽然老舍觉得齐鲁大学的生活条件还不错，如果你想读点书或写点什么，这里的环境是不错的。但对于思想活跃、追求更旺盛的创作生命力的老舍来说，他希望工作、生活在一个自由的充满生机的环境里。

一九三四年初秋，老舍全家从济南搬到青岛，住在山东大学后面的一所洋式平房里。房子周围比较空旷，老舍一家孤零零地住在这里，四周没有多少人家，胡絜青感到不太方便，但老舍觉得青岛与济南相比，山大与齐大相比，自有其独特的地方。青岛是一个季节性城市，夏天是青岛也是山大最忙碌的季节。学会啦，参观团啦，讲师会啦，有时候同时借用山大做会场或宿舍，热闹非常。但夏天一过，自秋至冬，青岛是静寂的，也是美丽的。山大的校舍是以前的德国兵营改建的，院子中铺满短草，道旁种满玫瑰，学校的后面、左面都是小山，挺立着一些青松，无不显示出学校的整肃气象。

山东大学是国立大学，一些著名的学者、作家都曾在此任教，如闻一多、梁实秋、洪深、沈从文、方令孺、游国恩、王统照、赵少侯，还有张道藩等。老舍在山东大学，初聘为讲师，但山大中文系的师生们并没有因此而有丝毫的轻视之感，相反却异常地重视他。在迎新会上，主席的欢迎词中就有："本系本学年，在师长方面：新聘有现代文坛知名的舒舍予（老舍）先生，将来定能予本系同学很多的指导与教诲。"第一学年，老舍担任的课程有小说作法、文艺批评、高级作文和欧洲文学概论。第二学年，老舍即被改聘为教授。老舍的课虽要求极严，但却颇受学生欢迎。有学生回忆说："考试时，学生在笔底超生，获得八十分以上的，据说如黎明时的星辰，寥寥数人；可是选读他的功课者，却依然是挤满教室。有几门课，上课时，你若去时较迟，尤其是女生，就会面红耳赤，找不到座位。"

第一学期结束，老舍的住所从莱芜路搬到金口二路公寓。这里离山大仍然不远，距胡絜青教书的青岛女一中也很近。西边的房间窗口可眺望到大海与邻家院里的一棵樱桃树。因此，老舍就将在此时结集的第二本短篇小说集取名为《樱海集》。老舍在序言中很快意地说："年方十九个月的小女生于济南，所以名'济'；这十篇东西，既然要成集子，自然也得有个名儿，照方吃烤肉，生于济南者名'济'，则生于青岛者——这十篇差不多都是在青岛写的——应当名'青'或'岛'。但'青集'与'岛集'都不好听，于是向屋外一望，继以探头，'樱海'岂不美哉！"

一九三五年八月中，儿子舒乙在青岛出世。舒乙排行老二，从甲乙丙丁顺序，所以老舍给他取名"乙"。

两个孩子前后出世，老舍也没少操心。跑医院，看那医生或护士的神气十足、不可得罪的脸色。到百货店，买瓶子罐子、装粉的钵、量奶的斗、尿布、衣帽。有时为了买一件小物品，跑遍全街上的铺子。有了孩子后，原先摆花盆的窗台上摆满了瓶瓶罐罐，尿布有时候上了写字台，奶瓶倒在书架上。老舍个性充满了童真，所以他对孩子们尤为偏爱。舒乙小时候长得很胖，老舍叫他"小胖子"。他善亲脸、闭眼、张口展览上下四个小牙，煞是可爱。老舍写作间隙总爱逗他，叫他闭眼、露牙，小胖子总会东指西指地打岔。赶到老舍提笔写作时，小胖子就前来干扰，不但主动亲脸、闭眼，还要爸爸也得表演这几招。中秋节前，来了个老道，不要米，不要钱，只问有小孩没有，老舍说有，老道说十四那天早晨得给小孩左腕上系一根红线，备一碗清水，烧三炷高香，必能消灾除难。到了十四这天，老舍果真按照老道的话做了。看到小胖子手腕上的红线，老舍觉得比写完一本伟大的作品还骄傲。

在山大期间，老舍还跟着同事好友学了一学期的法语。他是随一年级法文班听课，一周四次课，练习拼音时，他也跟着学生拼，学生交作业本时，他也照样交，非常认真。但是到了第二学期，也就是一九三六年二月，学校却出了件不愉快的事。

事情的起因还要追溯到一九三五年十二月九日在北平爆发的"一二·九"学生抗日民主运动。山东大学为了声援北平的抗日救亡运动，也举行了声势浩大的示威游行活动。新学期一开学，学校以"行为不轨"强令六名学生退学，引起学生公愤，一怒之下学生砸了学校办公大楼，并宣布罢课，学生的行动遭到青岛市海军陆战队的镇压，多人被捕。事件最终以校长赵太侔被撤职而告终，但不少进步教师因这一事件而对学校产生愤慨和失望，洪深、赵少侯等老舍的好友都纷纷辞职，老舍也无意再留任。

一九三六年暑假，老舍辞掉山东大学教职，住进青岛黄县路六号寓所，从事专业写作，直到一九三七年七月全国抗战爆发。他的著名小说《骆驼祥子》就是在这期间写成的。《骆驼祥子》故事的起因是和一个朋友聊天听来的，朋友在北平曾雇用过一个车夫，这个车夫自己买了车，又卖掉，如此三起三落，到最后还是受穷。朋友又说：还有一个车夫被军队抓了去，哪知道因祸得福，他乘着军队移动之际，偷偷地牵回三匹骆驼来。

《骆驼祥子》动笔前，老舍作了大量的素材准备，他写信向人了解骆驼的生活习惯，了解有关车厂、洋车、车夫的知识。同时还联想到自己小时候，哥哥也曾拉过洋车，表哥当中也有拉过洋车的。小时候，小羊圈胡同口也曾有一家车行，车主的女儿是位没出嫁的老姑娘。有了相当丰富的生活素材准备，加上第一次以写作为职业，整天思考、写作的是同一个故事，所以《骆驼祥子》的写作一开始就十分顺利。正好这时上海的《宇宙风》杂志来约稿，老舍就边写边寄给《宇宙风》发表。一九三六年九月《宇宙风》开始连载《骆驼祥子》，每月两期，共连载一年，至一九三七年九月续完，小说正好二十四段。《骆驼祥子》是老舍表现底层市民生活最出色的杰作，它标志着老舍现实主义小说艺术的成熟，也奠定了老舍在中国现代文学史上的重要地位。小说被译成数十种外文在世界各国发行，成为一部享有世界声誉的杰出作品。

写作《骆驼祥子》这一年，是老舍前半生中最安静同时也是最紧张的一年。安静，是说他专心写作；紧张，是说他这一年中发表的作品非常多。除了《骆驼祥子》以外，还有长篇小说《选民》在《论语》上连载，长篇小说《小人物自述》在《方舟》上连载，还写了很多篇散文、创作谈，短篇小说集《蛤藻集》中的篇什也主要写于这个时期。

对于老舍来说，以卖文为生的专业作家的瘾是过足了。他每天早上七点钟起床，梳洗过后便到院中打拳。吃过早饭，写写信，写写小文，十一时左右，外埠的报纸与信件来了，看报看信；偶尔有个朋友来谈一会儿。十二点钟吃午饭，饭后休息一刻钟左右。写文章的时间主要是午后两点到三点半和晚上八点到九点半。因为这两个时间，可以避开孩子们的打搅。星期六下午和星期天整天是轻松的时间，看朋友，约吃饭，理发，偶尔也看看电影，都在这两天。但专业作家的生活实在是并不轻松。老舍自己回忆这段生活时说："自从去年秋天辞去了教职，就拿写稿子挣碗'粥'吃——'饭'是吃不上的。除了星期天和闹肚子的时候，天天总动动笔，多少不拘，反正得写点儿。于是家庭里就充满了文艺空气，连小孩们都到时候懂得说：'爸爸写字吧？'文艺产品并没能大量的生产，因为只有我这么一架机器"。（老舍《文艺副产品——孩子们的事情》）

流亡岁月

　　七七卢沟桥事变，打破了老舍专业作家生活的宁静。长篇小说《小人物自述》本来是为天津的《方舟》连载而写，因天津失陷，刊物停刊，只好作罢。还有一部《病夫》，计划给上海《宇宙风》连载，也被连日不断的满街的"号外"叫卖声给搅乱了。正在时局动乱之际，二女儿舒雨出世了，取名"雨"是因为久旱逢雨。老舍医院家里两头跑，好在母子平安，十天出院。朋友王剑三、臧克家、杨枫、孟超都打算南下上海，老舍也准备随之南下上海，不想船票尚未订到，已获悉沪战爆发，只好放弃。旋即打算接受齐鲁大学的聘请。为了寻找住处，老舍只身前往济南。忽然又获悉敌人陆战队在青岛登陆，又急电朋友将家眷送来济南。房子又暂无着落，一家人寄居几处，产妇和婴儿仍在月子中，其中惨状，直到临近九月初开学，才有所好转。

　　齐鲁大学虽说开学，但学生到校刚及半数，实际已无法上课，每天都有教师与学生来和老舍辞行。也常有来借钱借衣的，老舍也倾其所能。战争的消息越来越紧张，老舍也很着急，他所担心的倒并不是财产、银钱。他说："一个读书人最珍贵的东西是他的一点气节。我不能等待敌人进来，把我的那点珍宝劫夺了去。"（老舍《八方风雨》）

　　到了十一月十五日那天，老舍再也憋不住了。他要做事，要参加抗战。老舍认为："每逢社会上起了严重的变动，每逢国家遇到了灾患与危险，文艺就必然想充分的尽到她对人生实际上的责任，以证实她是时代的产儿，从而精诚的报答她的父母。"（老舍《大时代与写家》）他拿了五十块钱，拎了一只皮箱，摸了摸孩子们的头，然后对胡絜青说："到车站看看有没有车，没有车就马上回来。"胡絜青了解老舍的心思，鼓励老舍：别管家，走出去！老舍半夜上了火车，早上经过泰安，傍晚到了徐州，下去买到郑州的票。一天一夜没吃东西，见到石头都想啃两口。终于买了干饼子，一口下去，差点噎死。到了郑州，老舍才给济南的家里和汉口的朋友打电报。

　　到达汉口，暂住在中学时代的同学家中。汉口也人心惶惶，国民政府已明令要从汉口移都重庆。长沙的友人也邀老舍南下，这时在武昌华中大学任教的游国恩将老舍接到了云架桥自己的家中。华中大学在蛇山北麓，是个有树有花有草有鸟的校园，非常美丽。云架桥是从小东门通往华中大学的一条弯弯曲曲的僻静小巷。这时，冯玉祥将军也在武昌，他早在一九三二年隐居泰山时就曾相邀老舍结交为友。他派人接老舍到千家街福音堂的公馆居住。千家街福音堂在蛇山南麓，一样有树有花有草有鸟，并且院子很大，不但可以打拳踢腿，还可以跑百米不转弯。

　　但老舍没有闲着，他一边坚持写稿挣钱寄到济南养家，一边积极与武汉文化界联络，为文艺抗战奔走。一九三八年年初，老舍应邀参加中华全国文艺界抗敌协会的筹备工作。从老舍这时的一些书信和文章中可以看出，此时的老舍全心全意地投入抗日救国的时代洪流。他在一封给朋友的信中说："人孰无情？弃家庭，别妻小，怎不伤心？可是国难至此，大家就该硬起心肠，各尽其力；不能不把眼泪咽在肚里，谁也不当怨谁，而是一齐为国家设想，为国牺牲。"他在文章《此仇必报》中说："什么仇都可解，唯有日本与我们这笔血账永不能忘记。""战争本是兵对兵，将对将；可是这次日本轰炸的是后方，杀戮的是民众，奸淫的是良家妇女，甚至于连老人与小孩也随手刺杀；这不是打仗，而是灭种灭族。此仇不报，难以为人。""起来吧，有血性的人们，挺起腰来，为死了的报仇，为人类扫除禽兽！"

一九三八年三月二十七日，中华全国文艺界抗敌协会（后常简称"文协"）在汉口成立，老舍在成立大会上宣读大会宣言，并被推举为理事。四月三日，文协第一次理事会上，老舍与胡风、郁达夫等十五人被选为常务理事，并被推举为总务部主任。根据会章的规定，理事会不设理事长，由担任总务部主任的常务理事对外代表本会，对内领导全会工作，实际等于会长。在这期间，为配合抗日宣传，老舍曾专门拜访大鼓名家白云鹏、张小轩，向富少舫和董莲枝请教，写了大量的通俗文学作品，如歌词《忠孝全》、大鼓词《抗战将军李宗仁》《三四一》《王小赶驴》《张忠定计》《打小日本》、洋片儿词《西洋景词画》等。还在冯玉祥将军的支持下，与老向、何容创办了通俗文学杂志《抗到底》。老舍认为："在战争中，大炮有用，刺刀也有用，同样的，在抗战中，写小说戏剧有用，写鼓词小曲也有用。我的笔须是炮，也须是刺刀。我不管什么是大手笔，什么是小手笔，只要是有实际的功用与效果的，我就肯去学习，去试作。我以为，在抗战中，我不仅应当是个作者，也应当是个最关心战争的国民；我是个国民，我就该尽力于抗敌"。（老舍《八方风雨》）有人在《老舍埋头写作》一文中说道："自抗战以来，在写作方面老舍先生是最卖力气的一个，太太和小宝宝都困在济南，他独个儿住在武昌的一个偏僻的院落里，埋头写，写，写……他写抗战小说，他写救亡大鼓……写得地道而且神速。"

一九三八年七月，日本侵略军开始轰炸武汉，武汉危在旦夕。日本侵略军的炮弹经常就在老舍的住处或躲避的防空洞附近爆炸。冯玉祥想把老舍等人送到桂林，说那里山水好，还有很好的地方住，老舍却坚持留在武汉。他觉得作为文协总务部主任，应和文协在一起。七月二十六日，文协临时理事会决定，必要时总会迁往重庆。七月三十日，在冯玉祥的支持下，老舍等人携带着中华全国文艺界抗敌协会的印鉴和文件离开武汉，乘船赴重庆，开始再一次的艰难行程。

船到宜昌，因购不到船票而滞留一周左右。其间，由于卫生条件差，老舍得了痢疾。好不容易买到船票，没有铺位，就在过道上打地铺，天热人多，开水不开，江泥滚滚，厕所里人满为患，半夜三点还排队等着上厕所。船上时有病死的旅客。

八月十四日，老舍一行五人终于到达重庆，住在青年会会所里。老舍一面积极恢复文协的工作，一面仍坚持每日一两千字的写作。老舍与何容合住一间房，但两个人的生活习惯完全不一样，老舍是每天上午十一点以前完成当天的写作，然后出去吃午饭。而何容是上午十一点才起床，等老舍回来才出去吃饭，老舍正好趁此睡午觉。晚饭两人一起吃，晚上老舍睡得较早，而何容则一直工作到深夜，两人河水不犯井水，非常融洽。

不过，在老舍的感觉里，重庆比武汉还热。夏天，睡在凉席上，照旧汗出如雨。坐下写东西，桌子椅子都是烫的，人仿佛住在火炉里。山城重庆树少而坡多，顶着毒花花的太阳爬坡，实在不是好玩的。但重庆的东西便宜，一角钱可以买十个很大的烧饼，一个铜板可以买一束鲜桂圆。

就在老舍到达重庆后不久，胡絜青也带着三个孩子从济南回到北平。由于火车上日军盘查得十分严苛，胡絜青只带了最简单的行李，将老舍的书籍、字画、讲义、文稿等装在一只大木箱子里寄存在齐鲁大学，至今未有发现，估计已毁于战火。

在一九三九年四月的文协第二次理事会上，老舍继续当选为常务理事，并再次被推举为总务部主任。文协是抗战时全文艺界的群众组织，政府每月有少量资助，却要分教育部、宣传部、政治部好几个部门拿钱。一是麻烦，二是钱常不能到位。因为经费紧张，不能多聘拿津贴的职员，所以文协的日常事务——写信、打电话、跑腿、开会，大多由老舍自己亲自做。为筹集经费，老舍尽可能多结交各方面的朋友，应付各种复杂的社会关系。当时了解内情的人说，老舍是"外圆内方"，外圆，有利于经济与人事方面的转动，内方，是坚持革命的立场。老舍组织下的文协做了大量的工作：组织作家战地访问团、为士兵编写通俗读物、举办通俗文艺讲习会、组织抗战募捐献金、援助贫病作家、保护作家合法权益、筹建各地的文协分会。还有一项最重要的工作是编辑出版会刊《抗战文艺》杂志。刊物的编委会虽然有三十多人，但是具体处理编务的只有楼适夷、孔罗荪、蒋锡金、叶以群、姚蓬子五人，而实际主持人是老舍。刊物创刊于武汉，十六期后随文协迁到重庆。重庆的印刷条件不及武汉好，先由白纸改土纸，土纸也经常缺乏，刊物便也只好由周刊改为半月刊。"它是'文协'的旗帜，会员们决不允许它倒了下去。"到了日本投降时，会刊出到了七十二期终刊，成为抗战期间坚持最久的一家大型文艺期刊，成为团结爱国作家、表现抗日的时代精神、激励民气、鼓舞斗志的宝贵阵地。

一九三九年五月三日、四日，日本飞机疯狂轰炸重庆，青年会周围都落了弹。正在写剧本《残雾》的老舍只好匆匆画上句号，与周文等一起逃进防空洞。经过这次大难，文协会所暂时移到南温泉。直到人心慢慢安定下来后，老舍才回重庆筹备慰劳团出发的事情。

老舍作为全国慰劳总会北路慰劳团成员，随队从重庆出发，开始了历时五个多月、行程两万多里的长途跋涉。具体路线是：重庆、内江、成都、绵阳、剑阁、广元、汉中、宝鸡、西安、华阴、潼关、洛阳、临汝、南阳、老河口、襄樊、老河口、西峡口、商县、西安、终南山、鄠县、延安、绥德、榆林、绥德、延安、洛川、耀县、西安、平凉、兰州、西宁、武威、凉州、兰州、平凉、固源、吴忠堡、银川、石嘴山、大渡口、陕坝、西安、梓潼、成都、内江、重庆。沿途，老舍均用诗日记的形式记下行程和感受，这就是后来写作整理的著名的长诗《剑北篇》二十八段，三千余行。

在这次行程中，给老舍印象最深、影响最大的是在延安的参观访问，老舍说："崭新的天地，崭新的人，真是大开眼界，也大开心窍呀。在一次招待宴会上，毛主席和我对杯，我说我可不敢，主席身后有几万万呀，主席笑了。"后来，国民党宣传部部长张道藩曾对人说："老舍叫共产党包围了。"为此，老舍当即给张写信，声明"现在是团结抗日的时候，大敌在前，我们的一切都是为了抗战。凡是抗战的人我都欢迎，不抗战，假抗战的不管什么人我都反对。你的说法，是在分裂抗日战争，有利于敌人，不利于抗战"。

在这次行程中，老舍也经历了三次危险，一次是在河南陕州，敌机炸弹在老舍附近爆炸，他险些丧生；另一次是在去陕西黄龙山的路上，车过一座桥时，突然断塌，人车翻落山涧，幸亏半道被密林枝干挡住，得以脱险；第三次是由陕北秋林返回宜川，骑骡涉水，走到河心，突然山洪暴发，牲口被惊呆，全身发抖，竖起耳朵，不敢进退，前面已经上岸的人见此情形，十分焦急，有人大喊："勒紧缰绳！勒紧缰绳！"但因洪水咆哮，老舍根本听不清岸上的人在喊什么，只好听天由命。幸好骡子恋群，前引后挤，才慢慢上岸。老舍自己后来在《剑北篇》中说："啊，陕州的炸弹，／就落在身边，／黄龙山里桥断车翻，／连这次骡上溪中的经验，／几十天来已尝过三回大险！"返回重庆后不久，老舍便与宋之的共同创作话剧《国家至上》。一九四〇年五月，张自忠将军为抗日壮烈殉国。老舍含悲愤协助撰写祭文《张自忠将军的战绩与殉国经过述略》。七月，应军界朋友之约赶写话剧《张自忠》，十二月，又与宋之的合作完成《无形的防线》，同时独自完成了剧本《面子问题》。由于工作和写作的劳累过度，加上缺乏营养，再加上爱喝两杯酒，遂患上贫血病。工作一累，就头晕。

一九四一年二月，重庆文化界发起捐款劳军活动。老舍带头义卖字画。老舍的字幅有多人订购，《面子问题》的手稿也献出作为义卖品。义卖活动前后历时十八天，参加者有四十余人。售出墨迹一百一十九件，其中卖出最多者为郭沫若和老舍的墨迹。整个义卖收入三千多元，全部捐献给了劳军委员会。

六月初，清华大学校长梅贻琦和罗常培、郑天挺在重庆与老舍相会。老舍与梅校长虽是初会，但老舍神采奕奕的风度、侃侃而谈的辞令、放言无忌的性情给梅校长留下了非常美好的印象，梅校长当即邀请老舍赴昆明讲学。老舍也欣然同意，不过声明：除去交通工具和珍贵的友情以外，并不接受任何报酬。在此之前，北大校长杨振声也曾推荐老舍到西南联大叙永分校任教大一国文，老舍拒绝了。老舍在一九四〇年给远在新加坡的郁达夫的信中曾谈过自己的想法，他说："做编辑，专心去看别人的文字，便没有时间写自己的，我不干。做教员，即使不管误人子弟否，一面教书，一面写书，总不会是相得益彰的事，我不干。做官，公事房大概不是什么理想的写作的地方，我不干。""只要还有口气，就不放弃文艺！"老舍最舍不得的就是写作。

进入夏天，日寇对重庆进行了半个月的疲劳轰炸。老舍应冯玉祥之邀到陈家桥冯公馆避难。说是公馆，其实只是两间茅屋，但周围的环境很好。屋后有小院，种南瓜数蔓，屋前有巨石做坝，围以竹篱，篱外田水丰足，稻秧深绿，远处则是参差农舍。每日有农家男女插秧、放牛、拔草、种菜，说说笑笑，林间有鸟叫，田里有蛙鸣，好一派田园风光。

在这样难得的寂静环境里，老舍也在冷静地回顾抗战四年以来的生活。他写了散文《自述》，文中说："四年来，我已没有了私生活，这使我苦痛，可也使我更努力做事；我不怕被称为无才无能，而怕被识为苟且敷衍。""我是干文艺的人，只要在文艺上有所获得，便是获得了生命中最善的努力与成就，虽死不怨。"

这年的八月二十六日，老舍与罗常培一起从重庆的珊瑚坝机场飞赴昆明。在这里，老舍见到了诸多朋友，如杨振声、闻一多、沈从文、卞之琳、陈梦家、朱自清、冯至、冯友兰、萧涤非等，让老舍感到仿佛到了"文艺之家"。在这儿，除了在西南联大作四次演讲外，主要是陪罗常培住在龙泉镇宝台山乡下养病。每天盥洗洒扫都由自己动手，三月不知肉味的素菜，臣心如水的清汤。这是一个让人忘记一切人世烦恼的地方。就在这里，老舍完成了剧本《大地龙蛇》。

在此期间，老舍又抽空去大理游览，他自己称之为"风花雪月"之游，即"下关的风、上关的花、苍山的雪、洱海的月"。并且在喜洲镇见到了华中大学的游国恩，还在华中大学为学生们作了三次演讲。直到十一月，老舍才依依不舍地辞别朋友们，离开昆明，回到重庆。

老舍不断收到胡絜青从北平写来的家信，也经常回信。他将一九四二年三月十日的家信发表在《文坛》杂志上，信中说："接到信，甚慰！济与乙都去上学，好极！唯儿女聪明不齐，不可勉强，致有损身心。我想，他们能粗识几个字，会点加减法，知道一点历史，便已够了。只要身体强壮，将来能学一份手艺，即可谋生，不必非入大学不可。假若看到我的女儿会跳舞演讲，有做明星的希望，我的男孩能体健如牛，吃得苦，受得累，我必非常欢喜！我愿自己的儿女能以血汗挣饭吃，一个诚实的车夫或工人一定强于一个贪官污吏，你说是不是？教他们多游戏，不要紧逼他们读书习字；书呆子无机会腾达，有机会做官，则必贪污误国，甚为可怕！""至于小雨，更宜多玩耍，不可教她识字；她才刚四岁呀！每见摩登夫妇，教三四岁小孩识字号，客来则表演一番，是以儿童为玩物，而忘了儿童的身心发育甚慢，不可助长也。"

这一年，老舍母亲在北平去世。

老舍多次想把家眷接来重庆，朋友们也劝过多次，可就是没有钱。一九四三年七月，老舍开始创作长篇小说《火葬》，不久得了盲肠炎，住进医院动手术，由于有点胃下垂，盲肠挪了地方，医生找了三个钟头才找到。战时医疗条件较差，粗线缝伤口，所以住了很长时间才出院。老舍出院不久，为老舍母亲办完丧事的胡絜青带着三个孩子来到重庆。全家分散六年，终于团聚了。全家在北碚定居下来。

胡絜青到重庆后，将从北平带来的珍藏多年的两幅齐白石的画拿出来挂在墙壁上，请几个朋友观看。不想却有人造谣说胡絜青带来了一箱子齐白石的画。老舍看穿了这谣言意在破坏文协刚刚开始的"保障作家生活"运动，便撰文《假若我有那么一箱子画》予以驳斥。

胡絜青真正给老舍带到重庆的有价值的东西是她在北平的见闻。老舍对胡絜青说："你这次九死一生的从北平来，给我带来了一部长篇小说，我从来没写过的大部头。"这个大部头就是《四世同堂》。一九四四年一月，老舍开始动笔写计划一百万字的《四世同堂》，十一月，第一部《惶惑》开始在重庆《扫荡报》上连载。

《扫荡报》是国统区的三大军报之一，一九三二年创刊于南昌，一九四三年春张治中奉命接管《扫荡报》。张治中重建《扫荡报》，目的是鼓励士气，扫荡敌寇，当然离不开吹捧蒋介石，但不在言论宣传方面同《新华日报》对立。《扫荡报》副刊主编是陆晶清，陆晶清早年与石评梅是同学，也是美女作家，当时也是文协理事，是老舍的好友。《扫荡报》这时走温和路线，吸引了大量进步人士靠拢，加之稿费很高，所以老舍就将小说连载给了《扫荡报》。

　　《四世同堂》的写作和文协的工作激励着老舍度过了抗战胜利前一年多最艰难的日子。

　　胜利终于来到了。一九四五年八月十五日，日本宣布无条件投降。中国人民沉浸在胜利的喜悦之中。老舍更是兴奋异常。在文协的庆祝会上，老舍可能是喝酒最多的一个。

旅美三年

一九四六年一月，老舍与曹禺受到美国国务院的邀请，赴美讲学。这在重庆文化界引起不小的轰动。中华全国文艺界协会举行盛大酒会为老舍、曹禺饯行。其时，老舍心情相当复杂。他在这时作的一首诗中说："无限乡思肠欲断，况当离国倍感增。"这次能出国，对于老舍是一次难得的机会，但在感情上却是十分艰难的。其一是抗战胜利后国内时局令人忧闷；其二是要再一次别妻抛雏。在饯行宴上，老舍坦率地表述了他的内心想法。他说，这次出国有三点：第一点是为了个人，出国休息休息，这八年的生活他委实是受了疲劳轰炸。第二点，向美国人讲讲中国人民的生活，尽力使美国人对中国产生新的认识，也认识认识中国新文艺有怎样的成就。一般美国人批评中国人新文艺的写作技巧太差，他们不知道中国五十年来的惨淡日子，不知道中国人做梦也在想革命，在争取民主自由！因此中国作家在这艰苦的几年的作品只能顾内容，而忽略了技巧。第三点是介绍中国文协这个组织。

老舍二月十五日乘飞机离渝抵沪；三月五日，登上美国史葛将军号运输舰，离沪赴美。史葛号在海上颠簸了半个月，终于抵达西雅图。经过几天的休整，三月二十九日到达美国首都华盛顿，被安排在"来世礼"国宾馆下榻。当时，丘吉尔住在甲宾馆，老舍和曹禺住在乙宾馆。美国国务院还专门设宴为老舍、曹禺洗尘。其实，美国国务院专门邀请各国知名人士来美国，希望他们长久地在那里工作，通过这些人来宣传美国的生活方式。四月，老舍他们到达纽约，会见旅居美国的中国著名电影演员王莹，并在王莹的安排下与美国女作家赛珍珠相见，与德国戏剧家布莱希特相识。这时布莱希特正在美国写作《伽利略传》。他非常仰慕中国文化，所以对老舍和曹禺这两位中国著名的戏剧家非常热情，并嘱咐夫人以隆重的酒、茶来招待他们。

几个月下来，从西雅图到华盛顿，再到纽约，老舍走走看看，作讲演，参加文化活动，观看戏剧演出，开始对美国有了一定印象。他在《旅美观感》中说："我感到美国人非常热情，和蔼，活泼，可爱。""中美两国的文化要联合起来，发扬两国人民爱好和平的精神。""不要以为美国人的生活是十分圆满的，在美国全国也有许多困难的问题，比如劳资纠纷，社会不安。我们也要研究他们社会不安的原因，作为改进我们自己社会不景现象的参考。我们不要过分重视别人，轻视自己，也不要过分重视自己，轻视别人。"

当枫叶将红的时候，老舍和曹禺应加拿大政府之邀，到加拿大参观、游览和讲演，为期一个月，所到之处，均受到热烈欢迎。加拿大给老舍印象最深的是那个国家的美丽。他看到，从最北部的维多利亚岛到南方的温哥华，很多城市的街道电灯柱顶部都挂着一对花盆，里面开放着美丽的鲜花，并有专门的汽车给柱顶的盆花浇水。

从加拿大返回美国后，老舍和曹禺应邀到萨拉托加·斯普林的雅斗居住。雅斗是纽约州的一个大花园，占地一万多亩，园内有松林、小湖、玫瑰圃，环境幽静，空气清新。老舍在雅斗居住时，美国作家史沫特莱正好也在这里撰写朱德传记。每晚休息时，老舍常与史沫特莱见面，他向史沫特莱介绍国内作家的贫困，陈述蒋政权的腐朽横暴。

此后，老舍又与曹禺一起访问了好莱坞和印第安人居住区新墨西哥州。在新墨西哥，老舍看到了土著人的生活状况，感受很深，认为在美国贫富悬殊太大了，心里非常难受。

老舍和曹禺在美国共同生活了一年多，曹禺决定回国，老舍则想继续留在美国完成《四世同堂》最后的写作。虽然是在美国，但老舍的写作仍然是十分地艰苦。首先是西餐吃不惯，"每日三餐只当作吃药似的去吞咽"。其次，住处也难找，主要是不想多出租金。第三，是对美国的现代文化难以接受，他说："我讨厌广播的嘈杂，大腿戏的恶劣，与霓虹灯爵士乐的刺目灼耳。"（老舍一九四七年十一月写给楼适夷的信）老舍每天上午写《四世同堂》第三部，下午则协助旅美作家翻译，同时开始写作《鼓书艺人》，晚上又和艾达·普鲁伊特一起翻译《四世同堂》。普鲁伊特的中文名字叫浦爱德，她看不懂中文，由老舍根据手稿一句一句念给她听，她用英文把它在打字机上打出来。英文译名为《黄色风暴》。

到一九四八年六月，《四世同堂》的第三部《饥荒》完稿。这项大工程总算完成了，老舍长舒了一口气。他在给美国朋友的信中说："我自己非常喜欢这部小说，因为它是我从事写作以来最长的，也可能是最好的一本书。"

《四世同堂》以沦陷的北平为背景，以祁家祖孙四代人为中心，连接小羊圈胡同里的各色人物，表现了沦陷区人民的苦难经历和他们陷入"想做奴隶而不得"的绝境而终于奋起捍卫自我尊严、民族尊严，奋起反抗至最后迎来胜利的艰苦历程，同时表现了日本侵略者及其汉奸走狗对中国人民犯下的种种罪恶。正如胡絜青所说，《四世同堂》"是一部揭露和控诉日本军国主义罪行的书"，"是一本表现和歌颂中国人民爱国主义的书"。

在翻译《四世同堂》的同时，老舍又忙着处理《离婚》翻译的事。《离婚》是老舍特别珍视的一本小说，可是有个叫伊凡·金的翻译了一个所谓《离婚》"珍本"，实际上把小说篡改得面目全非。老舍又请人翻译全本，并要赶在"珍本"之前出版。同时又用英文写了《关于〈离婚〉》一文，意在向美国出版界和读者介绍《离婚》的故事梗概和写作经过，阐述了小说的主题思想，说明了小说的语言风格特点。由作者自己评价自己的作品，这还是少见的，所以文章虽小，却颇有研究价值。老舍在文章中说：《离婚》写于一九三三年夏，是他的第七部长篇小说。"'离婚'这个词及它的含义对中国人来讲还很陌生"，"不管他们的婚姻生活多么不幸与不协调"，但仍"害怕家庭由此分解"，"即使一个不幸的家庭也比一个解体的家庭要好"。"当西方人离婚的做法传到中国时，它对许多中国家庭来说，无疑等于一次地震。""我在《离婚》中所用的语言是第一个，也可能是最好的，文字简洁清新的典范。"

通过《离婚》的翻译出版这件事，老舍明白了，"美国人搞文化，就跟做生意差不多。一本书出版，先得在各方面大做广告，明星也能代你吹一通，戏院、药店……都得有小广告，再加上广播，那才成。否则，什么书都别想卖"。老舍《离婚》的全译本是由郭镜秋翻译的，译名叫作《老李对爱的追求》。

一九四九年六月以后，国内不断传来好消息。上海解放的那天，老舍正在请在美国的日本友人石垣绫子等吃饭。老舍很激动地对客人们说：中国不久将重获新生。上海这个城市过去是一个集犯罪、间谍、通货膨胀等毒瘤于一身的地方。如今上海解放了，病灶被一扫而空。由此可知，共产党完全可以掌握好、治理好全中国。我是中国作家，光在美国是写不出什么东西的。不和中国民众共同生活，耳畔消失了华语乡音，我是写不出真正的文学作品的。中国已经有希望了，我要尽快回中国去。就在老舍说这些话后不久，老舍就收到了一封国内的邀请信，信上有郭沫若、茅盾、周扬、丁玲、阳翰笙、曹禺、田汉、冯雪峰等三十多人的签名。这封信是在一次文代会上，在周恩来总理的提议下写的。周恩来说："现在就差老舍了，请他快回来吧。"

十月初，老舍从纽约来到旧金山，逗留一个星期后，于十三日登上威尔逊总统号客轮，离开了美国。老舍长出一口气，临上船这几天，他一直心神不宁，他恨透了美国文化，鄙夷美国人的生活方式，讨厌冰激凌、可口可乐。正是这坚定了他回国的决心。

在威尔逊总统号上，老舍这次坐的是头等舱。老舍不是富人，主要是因为身体不好，而且极易晕船，不得已搭了头等舱。在头等舱里有几位菲律宾富豪，他们的服饰比美国阔少的更华丽。但老舍更看不起他们，因为他们不仅浅薄无知、俗鄙，而且看不起中国人。另外，船上有二十多位回国的留学生，他们每天举行讨论会，讨论回国后如何为祖国建设服务，并且报告自己专修过的课程，以便交换知识。同时，船上还有一些其他的回国的人，这些人都终日打麻将、赌钱。

经过五天的昼夜航行，船到达檀香山。老舍下船观光。在老舍的感觉里，论花草、天气、风景，这儿是人间的福地。到处都是花，街上，隔不了几步，便有个卖花人，将栀子花、虞美人等香花编成花圈出售，所以满大街都是香的。

又经过九天的太平洋上航行，船到达日本横滨。美国军部组织了参观团，游览东京。老舍也买票随团前往。由横滨到东京，老舍沿途也看见了战争给日本经济和人民生活带来的严重创伤，过去的工业区这时只见断壁残垣。东京市民的脸上仍然掩不住战争留下的阴影。女人们整齐的服装遮不住破旧的鞋袜，男人们不少仍穿着战时的军衣，戴着军帽，让老舍回想起几年前可恶的日本侵略战争。

再经过四天的航行，船到达菲律宾首都马尼拉。老舍已不想下船了。因为船上有冷气设备，比岸上舒服。再说，菲律宾人不喜欢中国人，税吏们对下船的华人要搜检每一个衣袋，以防走私。加之菲律宾正在进行大选，到处都有械斗，万一被误伤，才不上算。不过，后来他还是下了船，在马尼拉城区和近郊转了一转，也没有留下什么深刻印象，倒是在城中听说，前些天有从中国台湾地区运来的大批金银，这是蒋介石走的一着棋。菲律宾没有什么工业，到时如果他在台湾地区不能立住脚，就逃到菲律宾来。

从日本到马尼拉，海上一直在刮台风。离开马尼拉，又遇到台风，老舍的坐骨神经痛又犯了。船到中国香港时，已是一九四九年十一月四日，不过老舍的腿已寸步难行了。

到了香港，老舍暂住在老友香港大学病理系教授侯宝璋大夫家，等待买船票北上。可是一等就是二十四天，好不容易一位英国朋友帮忙买到一张到天津的船票。这是英国轮船公司的船，还没上船，已开始遭罪。码头上的大门不开，只在大门中的小门开了一道缝。旅客、脚行、千百件行李，都要从这缝里钻过。嚷啊，挤啊，查票啊，乱成一团。过了门缝，印度巡警检查行李，给钱才放行。那黑大的手把一切东西都翻查一遍，最后连箱子也关不上了。上船后，税官们还要再检查，还要递包袱。

十一月二十八日，北上的船终于开了，为了避免国民党军队的炮舰，船不敢走台湾海峡，只能绕行台湾外海。过了上海，海上的风越来越冷，空中飞着雪花。十二月六日，船到达朝鲜仁川，旅客一律不准登岸，怕携有共产党宣传品到岸上散发。到达天津大沽口，已是十二日九日了。海河中有许多冰块，空中落着雪。看到这十四年不见的中国北方的雪，老舍真正感到回家了。

人民艺术家

　　一九四九年十二月十二日，老舍回到阔别已久的北京。由于重庆十一月末刚刚解放，胡絜青和孩子们仍在北碚。因此，老舍暂时住在北京饭店。第二天，老舍在阳翰笙的陪同下会见了周恩来总理。老舍与周恩来早在一九三八年的武汉就相识了，在重庆时也有多次交往。赴美前夕，周恩来曾亲赴联欢会，并发表讲话，欢送老舍和曹禺赴美访问写作。这次会见应当算作是一次老朋友之间的会见，却给老舍后来的生活以重要的影响。

　　新年之际，全国文联在北京饭店举行新年联欢茶话会，并欢迎老舍回国。茅盾主持茶话会，老舍报告了美国文艺界的情况和自己回国的经历，话间说，这次能回到北京和祖国进步文艺工作者相聚，非常欢喜。他愿意学习，如果还能工作的话，愿意参加一切有利于人民的工作。席间，老舍还即兴演唱了他刚写的太平歌词《过新年》："胜利的新年这是头一次，／工农翻身福在眼前。／从此后，大家生产，大家吃饱饭，／真正的自由平等到了民间……劝诸位，紧跟着毛主席向前进，／实现新民主，国泰民安！"

回到北京，除了会见过去的老朋友之外，老舍就埋头读书和写作。他首先找来一部《毛泽东选集》，而且首先读了《在延安文艺座谈会上的讲话》。他开始明白了，要做一个艺术家，就必须为工农兵服务，为人民服务。

老舍想，他是旧时代作家，要写新时代、新生活，又没有足够的思想改造学习和新社会生活的体验，若是冒冒失失地去写，必然会出错。他决心当小学生，从头做起。先写小东西，写通俗文艺，比如相声、快板之类。当然，思想观念转变是容易的，但文艺创作是文艺创作，它有其自身的规律，转变起来就困难得多。老舍自己在谈到这时候的感受时说："以前，我可以凭'灵感'，信笔一挥，只求自己快意一时，对读者却不负责任。现在，我要对政治思想负责，对读者负责，急于成功会使我由失望而自弃。"（老舍《毛主席给了我新的文艺生命》）老舍后来的确写出了较多好作品，但主要限于戏剧，没有完成一部小说。我们在钦佩老舍忠实于新中国的作家的纯真之余，也为老舍自己为自己定下了条条框框，限制自己的自由创作意志，没能写出更多的好作品感到惋惜。不过，老舍进入新时代的创作状态可能是现代作家中最快的一个，其标志就是开始创作以北京为背景的话剧《方珍珠》和《龙须沟》。

老舍在北京饭店住了三个多月，一九五〇年四月，胡絜青带着子女舒济、舒乙、舒雨、舒立回到了北京。老舍在东城区灯市口迺兹府大街丰盛胡同十号（今丰富胡同十九号）购买了一个小三合院作为新家。家人团聚了，老舍便全身心地投入文艺工作和文学创作之中。北京市文学艺术工作者联合会成立，他是主要筹备委员之一，并在北京市文联第一次理事会上被选为主席。就在这次开会期间，老舍赶写完成了五幕话剧《方珍珠》。这是老舍新中国成立后创作的第一部话剧，其意图是通过新中国成立前后曲艺艺人生活命运的重大变化，揭露旧社会的罪恶，歌颂新社会的新生活。其基本剧情是：方珍珠的养父抗战时期携家小到后方各地卖艺，抗战胜利后一家又回到故乡北京，打算成立一个艺术班子，先是遇到了相声艺人白二立的竞争对立，后又受到市侩文人孟小樵、国民党特务向三元的敲诈欺压。孟、向勾结特务头子李将军欲抢走方珍珠，幸有一位正义青年作家王力相助，方珍珠得以脱离虎口。北京解放后，坏人受到制裁，方珍珠父女重又开班作艺，并团结白二立共同组社，以新中国主人翁的姿态，成为为人民服务的文艺工作者。当《方珍珠》完成并由青年艺术剧院排演时，老舍受到了周恩来总理的接见。总理非常关心地问他有什么创作计划，老舍说已完成《方珍珠》，正准备写一部反映龙须沟变迁的话剧，通过新旧社会对比，歌颂毛主席、共产党和新政府。随后老舍便和几位作家一起到龙须沟实地采访。由于腿疾很严重，后来就委托艺术剧院的年轻人代往龙须沟跑，然后把耳闻目睹的一切向他汇报。就这样，不到两个月，三幕话剧《龙须沟》就完成了。龙须沟本是北京天桥东边一条有名的臭沟。一九五〇年春，人民政府决定治理这条臭沟。剧本就是以龙须沟边一个典型的小杂院中的四户贫苦市民的生活境况与变化为线索，塑造了以焊接镜框为业的王大妈和她的女儿王二春、三轮车夫丁四和他的妻子丁四嫂及一双儿女、落魄艺人程疯子和摆烟摊的程娘子、泥瓦匠赵老头等性格鲜明的人物形象，反映了新旧北京人民生活和命运的变化。老舍在《〈龙须沟〉写作经过》中写道："我没法把臭沟搬到舞台上去……我必须写那条沟。想来想去，我决定了：第一，这须是一本短剧，至多三幕，因为越长越难写；第二，它不一定有个故事，写一些印象就行。依着这些决定，我去思索，假如我能写出几个人物来，他们都与沟有关系，像沟的一些小支流，我不就可以由人物的口中与行动中把沟烘托出来了么？他们的语言与动作不必是一个故事的联系者，而是臭沟的说明者。"《龙须沟》的独特之处也是它的最大成功之处也正在于此。正是因为这，使它与后来创作的《茶馆》一起，成为老舍新中国成立后最成功的戏剧创作。

一九五一年二月二日，《龙须沟》在北京上演，获得巨大成功，受到广大观众的普遍好评。北京人民艺术剧院邀请在京的文艺界专家座谈《龙须沟》。剧院院长李伯钊说：老舍对首都的热爱、对劳动人民真诚的尊敬以及崇高的革命思想，是他能在极短时间内完成《龙须沟》的根本原因。参加座谈会的洪深、罗常培、杨振声等也一致赞扬剧本创作和演出的成功。随后《龙须沟》进中南海汇报演出，老舍一家也应邀前往观看。演出前，周恩来和邓颖超很早就来到怀仁堂，当毛主席入场后，总理拉着老舍走到毛主席面前，向毛主席介绍老舍，毛主席很高兴地和他握了手。

回国一年多，老舍的思想发生了巨大变化。他在新年元旦发表《元旦》一文回顾了自己一年来的变化。他说："对于我，这不是一年，而是一生！在我的一生里，我在哪一年能学到这么多的新见识、新学问、新人生观与新世界观呢？"他还说："从此，假若有人敢轻视或仇视中国人民和人民政府，我就会用我的笔，我的思想，甚至我的牙，去诛伐，去咬死他！"这些话似乎有些"孩子气"，却真实地反映了老舍对新中国的热爱之情。老舍是这样说的，也是这样做的。一九五一年三月，全国文联组织捐献鲁迅号飞机支援抗美援朝，他带头捐献了《方珍珠》和《龙须沟》的演出税八百万元（旧币）。

一九五一年十二月，北京市人民政府委员会和各界人民代表会议召开联席会议，北京市市长彭真主持会议，隆重授予老舍"人民艺术家"荣誉奖状，以表彰老舍"《龙须沟》生动地表现了市政建设为全体人民，特别是劳动人民服务的方针和对劳动人民实际生活的深刻联系；对教育广大人民和政府干部，有光辉的贡献"。

老舍在接受《光明日报》记者采访时说："不是人民的时代，我成不了人民艺术家。""没有北京人民当家做主后发挥的建设祖国的热情，我写不出《龙须沟》。所以，这荣誉不是我个人的，是属于整个北京的劳动人民的！"

这时老舍的心思始终和人民、和艺术连在一起。比如，他家的斜对面有一座破庙，里面住着一些盲艺人。有的沿街卖花，有的以算命为生，生活很苦。老舍有意想把他们组织起来，便特意请他们到北京市文联演唱了一次，以引起各方面的重视，随后便倡议成立了盲艺人讲习班，从艺的从艺，办厂的办厂，都走上了自食其力的道路。其中讲习班的盲人在学习期间和派去管理讲习班的一位明眼姑娘还产生了爱情，并结为夫妻，老舍还是他们的主婚人。后来老舍还专门写文章，说盲艺人组织起来学习政治和业务是史无前例的。许多盲艺人在艺术上确有独到的本领，但只有在人民政权下他们的才干才能得以充分发挥，成为受人尊重的文艺工作者。

老舍这时还成全了著名评剧演员新凤霞和吴祖光的美满婚姻。新凤霞是旧时代过来的艺人，不识字。老舍积极鼓励她学识字、学文化，并为她介绍早在抗战时就是朋友的吴祖光，后来他俩成了患难夫妻。一九五七年吴祖光被错划为右派，赴北大荒劳动。老舍继续鼓励新凤霞多给吴祖光写信，安慰吴祖光。老舍还经常请新凤霞到家里吃饭，并在生活上接济她。后来，吴祖光在一篇怀念文章中动情地写道："才华绝代的老舍先生对党、对人民、对生活、对新社会无限热爱，他那样真诚、热情、关心人、同情人，他的心真正是金子做的！"

一九五三年十月，中国人民第三届赴朝慰问团组成，贺龙任团长，老舍、章伯钧、蔡廷锴、章乃器、朱学范、康克清、吴晗、梅兰芳等任副团长。在火车上，老舍与梅兰芳是上下铺，住宿则是同房间，两人关系非常融洽。梅兰芳虽比老舍年岁大，但总把下铺让给老舍，他知道老舍有腰腿病，再说，他是京剧演员，幼工结实，矫健如青年人。梅兰芳言谈谦逊，处事有条理，给老舍留下了非常美好的印象。

将近两个月的慰问活动结束了，老舍征得团长贺龙的同意，继续留在朝鲜，到志愿军部队体验生活。在他这位作家眼里，朝鲜真美丽，山美、水美、花木美，不仅自然美，人更美。朝鲜妇女美丽而坚强，像不畏风雪的金达莱花。老舍在志愿军某军住了五个月，访问了不少战斗英雄。他将耳闻目睹的真切感受回国后写成了长篇小说《无名高地有了名》。

一九五五年春，老舍的腿病加重，不能久坐，坐久了就会凉到大腿根，也不能走路，普通人三分钟的路程，他得走上半天，还得歇四五回。但他又不愿意上医院，怕耽误了工作。他忍着疼痛，坚持上午写信，下午去文联办公，还要参加诸多的会议、学习和各种社会活动。这时老舍担任了很多社会职务，除了北京市文联主席以外，他是全国文联副主席，中国作家协会副主席，中国民间文学研究会副主席，第一、二、三届全国人大代表，第四届全国政协常委，中央人民政府政务院文教委员会委员等。还是中印友好协会理事、中朝友好协会副会长、北京市中苏友好协会副会长、中国人民保卫世界和平委员会常委、中央推广普通话工委副主任委员。同时还担任《北京文艺》主编、《说说唱唱》主编。还经常参加外事接待活动，经常参加文艺界和文艺界以外的政治活动。曾经有一位西方客人问老舍："为什么要参加那些活动和工作呢？你是作家，你应当专心写作！"老舍没有回答，不好回答。他是人民艺术家，他要把为人民服务放在第一位。老舍在默默地奉献着。

扶杖争上游

　　老舍晚年曾写过一首旧体诗《今日》，对他进入新社会的生活进行了小结。诗曰："晚年逢盛世，日夕百无忧；儿女竞劳动，工农共戚休。诗吟新事物，笔扫旧风流。莫笑行扶杖，昂昂争上游！"扶杖争上游，是老舍在新中国十七年的真实写照。老舍一年到头总不断地工作，除了生病，决不休息。但又无论工作多忙，总没有放弃写作，而且写的都是新社会的新人新事，以反映现实生活。在创作了《方珍珠》《龙须沟》以后，又接连创作了《春华秋实》《青年突击队》《西望长安》《红大院》《女店员》和《全家福》等剧本，虽然这些剧本中有成功的，也有不成功的，但都反映了老舍的强烈的创作热情。

　　一九五四年，老舍作为全国人大代表出席了第一届全国人民代表大会。与会期间，他与代表们一起讨论宪法案。老舍非常兴奋。他回顾过去的生活经历，对照人民当家做主的现实，又萌发了新的创作冲动，很快就写成了一个四幕六场话剧《秦氏三兄弟》。剧本从晚清一直写到新中国成立前夕，通过秦氏三兄弟曲折的生活经历，揭露了专制社会的黑暗，曲折地歌颂了人民当家做主的新社会。其中第一幕第二场写的是"北京裕泰大茶馆"，曹禺、焦菊隐、欧阳山尊、赵起扬、刁光覃等大师们听了初稿后，认为是最精彩的一场，建议老舍写成一个独立的剧本。老舍觉得这个建议非常好。茶馆是三教九流的会面之处，可以容纳各色人物，一个大茶馆就是一个小社会。同时也正好写自己非常熟悉的小人物这一阶层。老舍很快就为自己确立了创作原则：第一，主要人物自壮到老，贯穿全剧，以人物带动故事；第二，次要人物父子相承，父子都由同一演员扮演，使观众看出故事是连贯下来的；第三，使每个角色都说他们自己的事，可是又与时代发生关系；第四，无关紧要的人物一律招之即来，挥之即去，毫不客气。老舍向他们表示："我三个月后给你们交剧本！"三个月后，老舍真的交给北京人艺一个剧本，这就是《茶馆》。

《茶馆》以北京一家大茶馆——裕泰茶馆为背景，通过茶馆掌柜王利发、民族资本家秦仲义、卖菜人常四爷等人物的生活遭遇，展示了清末戊戌维新失败以后、民国初年北洋军阀盘踞和国民党政府崩溃三个不同时代的生活场景和历史动向，揭示出旧中国日趋衰微、必须另谋出路的历史发展趋势。全剧没有统一一贯的故事线索，上场人物达六十多个，但仍然显得集中而紧凑，矛盾冲突尖锐，高潮迭起。《茶馆》成为当代中国话剧的优秀之作，在西方演出时，被誉为"东方舞台上的奇迹"。

　　老舍是一个热爱生活的人。他越是写作紧张的时候，越是能很好地调剂自己。这种调剂的最好方法就是养花。他总是写了几十个字，就到院子中去看看，浇浇这棵，搬搬那盆，然后回到屋中再写一点。老舍养花、爱花是从母亲那里继承来的。自从定居丰盛胡同十号以后，早在最初的两三年里，院子里就已养满了花，有昙花、银星海棠、蜡梅、枸杞、山影、令箭荷花，最多的要数菊花，有一百多种。当然，最著名的是院子里有两棵柿子树。这是胡絜青从植物园买来的，由幼苗长成大树。每到秋天，鲜红的柿子挂满枝头，老舍便按北京送熟的习俗，摘下柿子，提上一包，分送给朋友、邻居，并很得意地说道："瞧，我家的土特产，刚下树的。"老舍爱花，最得意的是他客厅里挂的四幅画花卉的画，作者是齐白石，四幅画分别题为《手摘红樱拜美人》《红莲礼白莲》《芭蕉叶卷抱秋花》和《几树寒梅带雪红》。四幅画分别代表春、夏、秋、冬四季，是老舍让齐白石命题作画，所以尤具艺术价值。每逢好友来访，老舍就泡上茶，与友人品茗赏画。老舍除了收藏齐白石的画外，北方的有徐悲鸿、溥雪斋、于非闇、陈半丁、李可染、叶浅予，南方的有傅抱石、黄宾虹、林风眠、丰子恺、关山月、关良等，老舍都有他们的墨宝。在赏画之余，还常看与画相关联的画画或收藏的生动小故事，让听者羡慕不已。他曾写过六七篇赏画的文章，发表了他对中国画的诸多精辟见解。他说：传统的山水画并未走到山穷水尽之境，保守思想一经打掉，即能突破陈规，别开生面。画法一定不是一成不变、万不可改的。山水画的革新是技法问题，也是画家对新事物和劳动人民爱不爱的问题。中法也好，西法也好，各有局限。只有掌握了多方面的技法，才能得心应手，充分表达新社会日新月异的新气象。

老舍自己每年有两大节，一次是自己过生日，另一次是秋天满院菊花盛开的时候，尤其是到这家庭菊展时，院子里摆满菊花，只留下几条菊间小路供人行走。每盆菊花上各悬小牌，书写形意隽永的名称。其实，老舍只把养花当作生活中的一种乐趣，花开得大小好坏都不计较，只要开花，就高兴。老舍养花也不追求奇花异草，只求热闹。严格地讲，北京也不是个适合养花的城市。每到家庭花展时，老舍就邀请众多的朋友、同事来家欢聚，美酒佳肴款待。以酒待客成为老舍的一大乐趣，席间他可以借酒乘兴，交心释嫌，这是老舍最开心的时候。老舍爱喝酒，也爱抽烟。他知道吸烟有害健康，但戒不掉，所以他抽烟时非常尊重别人。他每次走进夫人胡絜青的画室时，总要先把手上的烟灭掉。

老舍不仅待人热情真诚，对待自己的儿女们也慈爱随和。他虽然工作和写作非常忙，但只要有一点机会，就总是同他们谈笑、争论。他尊重孩子们的兴趣和志向，四个孩子中没有一个是文学专业出身的。长女舒济是北京师范大学物理系毕业。儿子舒乙毕业于列宁格勒林业大学，一九五九年回国，在南京林业化工研究所工作。二女舒雨先是学地质，后学德语，小女舒立学的是化学专业。孩子们从学校、机关回来，带着他们的男女朋友，虽然热闹，可他们所谈的老舍一句也听不懂。老舍常说："虽这么热闹，我却很寂寞。他们所讨论的，我插不上嘴；默默旁听，又听不懂！"老舍只要求孩子们做一个正直的普通人。他主张子女功课不必非考一百分，考不上大学也无妨，靠自己力气，找个工作就行。

老舍对下一代的教育一直很关注。作为一位文学家，对中学的语文教学有自己的独特看法。他在一九五九年接受《北京日报》记者的采访时说：语文课的任务主要应该是培养学生用语言文字来表达自己思想感情的能力。过去在语文教学中过分偏重讲作品的思想，而忽视了培养学生欣赏文学和掌握文字的能力，所以许多学生的表达能力比较差。重视作品的思想是对的，但是，语文课不能代替政治课。关于培养学生的欣赏能力，他说，教师应该让学生懂得"含蓄"。李商隐的诗很好，但是他的一些无题诗，人们就不一定知道主题思想是什么，可是诗写得很美，很含蓄，有不尽之意。学习古典文学，不能要求什么时代的作品都表达现代人的思想。要学习古人怎样运用语文，培养学生欣赏文学的能力。

老舍为人随和，说话幽默，走到哪里，哪里就有笑声。他曾讲过这样一个笑话：从前，有一个乡下人进北京城，口渴了，想喝口水。抬头看到浴堂挂着"清水池堂"的牌子，他认识"水"字，以为这是卖水的，便掏出个大子儿往柜台上一拍："来一碗！"掌柜的嫌他冒昧，真的叫堂倌舀了一碗给他。他喝了抹抹嘴就走，半路发现烟袋丢在柜台上忘了拿，赶紧跑回去，掌柜的也看不上这烟袋，就给了他，并说："小心，不要再丢了。"乡下人想，这城里人对我这么好，便对掌柜的说："你对我这么好，我也有句要紧的话告诉你：你这水要快卖，有点儿馊了。"

从美国回来十年，老舍除了赴朝慰问和到捷克斯洛伐克、苏联、印度作外事访问外，很少离开过北京，因为腿一直不好。腿好了些之后，老舍便多了到全国各地走走看看的机会。第一次是到新疆，在石河子这个军垦区里的新城，过去只有马路边卖茶水的小屋的地方，如今有了银行、邮局、百货店、食堂、电影院、学校、医院、榨油厂、拖拉机修配厂、招待所；可以看到一望无际的绿油油的麦田和棉田，每一块田的四周都种上了整整齐齐的防风矮树，树荫下是灌溉水渠。在新疆半个月，老舍放弃了去吐鲁番和其他地方的机会，而参加了四个座谈会。在老舍心中目中，朋友、文艺事业比高山大川更为重要。

一九六一年夏天，应乌兰夫的邀请，老舍同二十多位文艺工作者到内蒙古自治区访问，参观了林区、牧区、农区、渔场、风景区和工业基地，还有一些古迹。最令老舍高兴的是到了大兴安岭。走进林海，群岭起伏，绿波荡漾；看到了科尔沁草原，天高云淡，一碧千里；还看到了达来诺尔，鱼肥水美，湖水有多深，鱼就有多厚。还到了内蒙古的著名风景区扎兰屯。扎兰屯被称为"塞上的一颗珍珠"。老舍说："它不像苏杭那么明媚，也没有天山万古积雪的气势，可是它独具风格，幽美得迷人。"（老舍《内蒙风光》）这种风格就在于它是大自然淳朴的美。

在内蒙古，老舍还专门访问了呼和浩特的满城，并到了两户满族人家。第一家姓关，屋里十分洁净，保持着满人讲究整洁的传统；另一家姓周，只有一位老太太在家，是街道主任，态度从容，说话沉稳有力。这些都给老舍留下了很深的印象。从内蒙古回到北京后不久就是国庆节，舒乙举行婚礼。在婚礼上老舍宣布了一个决定："我有了儿媳妇，从今天开始，我不再唱戏。我给你们说一段我到内蒙古去观光的感想吧！你们吃过犴的鼻子吗？这回我吃着了，内蒙古的名菜，好吃，真好吃！就是吃着怪心痛的，挺灵挺大的鼻子，犴的！"大家哄堂大笑。舒乙一直记得父亲这段奇特的婚礼祝词。

一九六二年上半年，老舍又到了南方广州，参加全国戏剧创作会议，会中即独自游览了从化、佛山、新会、高要等名城。会后，又同阳翰笙、曹禺等游览了惠阳、海丰、普宁、海门、汕头、澄海、湖安，然后进入福建，游览了漳州、厦门、泉州、福州。在福州，老舍看了一回花，是福州西湖开化寺里的杜鹃花，一百多种，一千多盆，开得艳丽极了。老舍感叹地说："杜鹃花很多，但没想有这么多！"在沿途游览之余，还观看了许多地方戏，如粤剧、潮剧、闽剧、高甲戏、莆仙戏等。

在游览了祖国的长城内外、大江南北之后，老舍写了一篇散文《锦绣江山》。他说："看的地方越多，也就越爱国。""祖国确是可爱，它不只是大，而且是灿烂多彩，锦绣江山。""自北而南，不管是在大青山下，还是在珠江两岸，看吧，人民都是一个心，一个劲，都在积极建设祖国，走向富强。"

老舍在二十世纪五十年代除了创作大量的剧本和曲艺作品以外，还写了大量的散文，但进入六十年代，创

196

作越来越少，他感到迷惑，但又不甘心。他想写一部自传体长篇小说《正红旗下》，但进展一直不顺。老舍索性放下手中的笔。一九六三年夏，他到秦皇岛、北戴河、天津新港参观游览，秋天到湖南访问和讲学。一九六四年初夏，又偕夫人胡絜青前往黄山休养。从黄山返京后，就只身到农村去体验生活。一九六四年夏，老舍自带行李来到密云县城关公社檀营大队。老舍之所以选择这个地方，是因为这里有许多满族、蒙古族人，他要看看这些从贫困中挣扎过来的人现在生活得怎样。他在这里住了两三个月，同这里的老百姓相处十分融洽，还为当地的几位群众题过字。秋天，老舍又转移到海淀区四季青公社门头村大队，这里也是一个满族人聚居区。老舍还以这里的生活为题材，送给郭沫若一首七律《致郭老》：

门头村里好为家，文艺源泉岂浪跨。

金玉红楼终是梦，镰锄碧野遍开花。

东流巨浪今潮北，霜降香山叶染霞。

瓜果齐歌丰产日，高天一弹吐光华。

从诗里我们可以感受到，老舍此时的精神是充实的、愉快的。他在同时给郭沫若的信中说，只是"饭食稍苦，但颇欢快"。

　　老舍一辈子都是说真话的作家，但更是听话的作家，听党的话的作家。由于历史的原因和他的特殊身份，也说过一些违心的话，这是他一生中最苦恼的事。比如他与胡风早在文协时期就是同事，是至交。当年抗战初期，胡风一家靠稿费和编《七月》杂志为生。到重庆后，胡风工作没了着落，后经由老舍求复旦大学文学院院长伍蠡甫教授，聘胡风到复旦任教，救了胡风的急。老舍赴美，胡风是少数几个送别的朋友之一。老舍回国后，胡风也是少数几个收到老舍信的朋友之一。胡风个性强，颇有鲁迅先生似的硬骨头精神。老舍也曾提醒胡风"克服自己，多写点东西"。可是，一九五五年胡风还是出了事，被打成"反革命分子"。老舍是"局外人"，不知内情，紧跟形势，写了《都来参加战斗吧》等批判胡风的文章。一九六五年，胡风被判刑，第二年监外执行，但必须到四川成都去落户。胡风离京前，写信向四位友人告别，其中就有老舍。

老舍之死

一九六六年二月，《人民日报》发表文章《田汉的〈谢瑶环〉是一棵大毒草》，《戏剧报》在转载时另加了"编者按"："《谢瑶环》是一出反党反社会主义的坏戏，是田汉同志资产阶级政治思想和文艺思想的集中表现。"同月，林彪委托江青，起草《部队文艺工作座谈会纪要》，提出了"文艺黑线专政论"，全盘否定新中国成立以来文艺界的伟大成就。这个文件被传达贯彻到全国，一夜之间，大批作品被打成"毒草"，大批作家被打成"黑线人物""反革命"。

三月，老舍请即将出访欧洲的作家在东来顺饭庄吃烤鸭，并请端木蕻良、骆宾基和臧克家三位作陪。一向活跃的老舍这次却一直沉默少语，只是不断地举杯劝酒，举箸让菜，气氛十分压抑。在此前后，老舍曾与茅盾等一批老作家共同讨论，由老舍执笔，联名写信给毛主席，表示要积极参加"文化大革命"运动，并主动请求降薪三分之一到一半。

四月，老舍到香山去看望王莹。王莹和丈夫谢和庚是于二十世纪五十年代初受到美国当局的迫害回到中国的。一九五七年谢和庚被打成右派，王莹受株连，便移居到香山狼涧沟农舍居住，潜心读书和写作。这次是她完成了《两种美国人》和《宝姑》两部书稿，打电话请老舍来谈谈的。老舍看到王莹夫妇的境况和眼前完成的书稿，感慨良多。他说："我自己，在过去十几年中，也吃了不少亏，耽误了不少创作的时间。您是知道的，我在美国曾告诉过您，我已考虑成熟，计划回国后便开始写以北京旧社会为背景的三部历史小说：第一部小说，从八国联军洗劫北京起，写我的家史；第二部小说，写旧社会许多苏州、扬州女子被拐卖到北京来，堕入'八大胡同'娼妓火炕的种种悲惨结局；第三部小说，写北京王公贵族、遗老遗少在玩蟋蟀斗蛐蛐中钩心斗角，以及他们欺诈压迫下层贫民的故事。可惜，这三部已有腹稿的书，恐怕永远不能动笔了！我可对您和谢先生说，这三部反映北京旧社会变迁、善恶、悲欢的小说，以后也永远无人能动笔了！"（谢和赓《老舍最后的作品——纪念老舍逝世十八周年》）老舍提到这里，情绪激动，热泪夺眶而出。

七月底，老舍因慢性支气管炎、支气管扩张而吐血，非常严重，住进了北京医院检查治疗。在医院里，老舍在一个小学生用的笔记本上起草了一份给周恩来的信："我病已愈，您不用来看我"。信未发出。在医院住了半个月，病情稍好，便回家休息。这时北京的气氛已相当紧张。周末，孩子们回家，提醒他把家里的那些小玩意收起来。老舍说：我不会把小瓶小罐和字画收起来，它们不是革命的对象，我本人也不是革命的对象。

八月二十三日上午，老舍到北京市文联机关上班，实际上老舍是接到康生捎的话到机关参加运动的。中午，大家都吃饭去了，老舍却没法回家，他的由周恩来特批的专门卧车被停用了。到了下午，忽然一群穿军装的红卫兵闯进文联机关大院，这群年轻中学生不分青红皂白，见人就抓就打。老舍也被打了。打了一阵之后，又被拉上卡车，送到文庙，同时上车被拎到文庙的还有萧军、骆宾基、端木蕻良、荀慧生等三十多位著名作家和艺术家。这时文庙大院正在焚烧戏装和道具。老舍等人被赶下车，又是一阵毒打。下午五点钟左右，老舍等人被送回文联大院，继之而来的，是更残酷的折磨。当时在场的张林琪、白瑜一九八六年著《宁折不弯——追记老舍死前的一幕》一文记载：

正在这时，一个戴着眼镜的三十多岁的高个子，见到这些红卫兵突然兴奋起来，他伸长脖子，向这些正叽叽喳喳打听缘由的学生高喊："革命小将们，站在你们面前的，就是反革命黑帮分子老舍，他今天下午在批判会上态度非常不老实……"

老舍先生听到那人的话，抬起头说："我没有不老实，说话要实事求是，没有的事我不能胡编。"……那个高个子不容老舍先生讲完，就气势汹汹地叫喊起来："扫帚不到，灰尘不会自己跑掉，我们欢迎红卫兵小将帮助我们革命！"在那个扭曲的年代里，一些成年人都狂热到丧失理智，何况十几岁的孩子。他的话音刚落，已有几个学生冲上去，把老舍先生反剪手，让他坐上了"喷气式"。"打倒黑帮分子！""老舍不低头就叫他灭亡！"喊叫声乱成一片，楼道门口挤满了人。见此情景，有人和高个子耳语几句，对面前的几个红卫兵说："小将们，我们非常感谢你们的大力支援，请你们到楼前主持老舍的批斗会。"几句话，使这些红卫兵"热情"更高了，几个人押着他又拽又推往外走，看得出老舍先生已经步履艰难了。

每走一步都有人在他头上猛按一下，屁股上踢上一脚，老舍先生一步三晃地让他们带走了。我们被夹挤在人群中……等我们再次挤到前面时，才发现一块大木牌已经挂到了老舍先生的脖子上，上书"反革命黑帮分子"几个大黑字。我们看到细细的铁丝，深深地嵌进他的皮肉里，老舍先生满头大汗，喘着粗气，他头上的绷带已经在混乱中被撕开了，血布条挂在脸上，两眼微闭着。人群里一个四十多岁的女人，尖着嗓子叫："我揭发，老舍在解放前把《骆驼祥子》的版权出卖给了美国……"这无异于火上浇油，使群情"爆炸"了，许多人喊着："快说!""快交代!""你老实点儿!"……红卫兵为显示他们"坚定"的"革命精神"，又把老舍先生的胳膊使劲往后一背，背后又踢来一脚，老舍先生终于支撑不住了，跌倒在地。左右反剪着老舍先生手的红卫兵，又"威风凛凛"地一人踏上一只脚，一只手揪住老舍先生的头发，近乎趴在地上的老舍先生的脸，已经变得苍白，痛苦地抽搐着。谁看到那令人发指的暴行，都终生不会忘记。即使这样，我们仍听到老舍先生在一字一顿用力地说："我没有卖国，事情是这样……"野蛮的岁月里，在失去理智的野蛮的人面前，正义的言辞只能换来无情的毒打和肉体的折磨。我们看不清老舍先生的面孔，只见掺着泥的汗水顺着脸颊一道道流下来，从那颤抖的双腿可以想见，老舍先生用最大的努力强撑着、忍受着。"你装死！""到底说不说！"左边的那个女红卫兵还发疯似的跳起来按住老舍先生的头使劲往下压。

……只见老舍先生猛地直起身来，这一突然的反抗动作，惊呆了围观的人群，也惊呆了压着他的人，恐怕这些人还没碰到过这么"顽固"的"黑帮"。瞬间，我们看到老舍先生目光中充满了愤怒，他挺直脖子，发出撕人心肺的呼喊："你们让我说什么？"随着吼叫声，他突然猛一转身，将手中的木牌砸在刚才一直对他又压又打的女红卫兵头上。

一切都发生在几秒钟之内。当我们清醒了眼前发生的事情时,老舍先生已被红卫兵围在中间,斥骂,质问:"你竟敢打红卫兵!"老舍先生被拳打脚踢包围着,台阶下的人往上涌,乱成一片。我们已被推挤出了中心。这时,不知是谁从楼内搬出一张桌子,几个造反派把老舍先生从人群中拉了起来,拖到桌子上让他跪着。我们终于又看清了老舍先生:眼镜早已破碎,脸上青一块紫一块,浑身是土,身上的汗衫已变成一条一条了,脚上的鞋剩下了一只,头无力地耷拉着,仿佛已是半昏死状态,只从他微微起伏的胸口,看出他还活着。

　　造反派们对奄奄一息的老舍先生厉声喝道:"你打了红卫兵知罪不知罪?"沉默,长时间的沉默,老舍先生仿佛刚明白了对方的话,头无力地点了两下。"把你的罪行写下来!"纸、笔已经摆在了老舍先生跪倒的膝盖前,老舍先生好一会儿才拿起笔,每写一笔似乎要付出全身的气力,"我打了红卫兵老舍"八个字,写了足有五分钟。写完,老舍先生目光呆滞,完全瘫倒在桌面上了。人群外,已经停好一辆吉普车,造反派和司机耳语了几句,车分开人群开到台阶下，几个人连推带架，把老舍先生扔进了车内。

我们竭力想看个究竟，于是跟着缓缓行驶的吉普车跑了起来。车驶出文联，开进电报大楼东侧一条胡同内，没走多远就停住了，听说是派出所。老舍先生被架进四合院北屋，人群被阻挡在门外。明亮的灯光下，我们隔窗望见墙根跪着一溜"黑帮"，老舍先生被推了进去，一个好像打人打累了的小伙子站了起来，高高举起手中那无情的皮鞭……

半夜，胡絜青被通知将老舍接回家，坐着一辆三轮车，凌晨才到家。入睡之前，胡絜青为老舍清理伤疤，两人有很长一段对话。老舍说："人民是理解我的！党和毛主席是理解我的！总理是最了解我的。"

八月二十四日早晨，胡絜青本要留在家里照顾老舍，可老舍坚持要她去上班，怕她不去"参加运动"要挨整。胡絜青走后不久，老舍叫来小孙女，对她说："和爷爷说再 ——见——"老舍这天本该要到文联报到的，但他没有去文联，而是来到了德胜门外的太平湖公园。老舍手里拿着一卷纸，在湖边坐了一整天，从上午到晚上，几乎没有动过。

老舍一天一夜没有回家，全家人急了。八月二十五日上午，舒乙写了一封信，同舒雨来到国务院接待站。几个小时后，周总理的秘书打电话给胡絜青，说总理已经接到紧急报告，正在设法寻找老舍，一有消息会立即通知。

八月二十五日下午，舒乙接到北京市文联的电话，叫他立即去文联。舒乙来到文联，拿到一张证明，上面写着："我舒舍予自绝于人民，特此证明。"并让他立即到太平湖去处理后事。

死去的老舍是在八月二十五日清晨被一位锻炼身体的演员在湖面上发现的，在岸边有他整齐放着的上衣、眼镜、手杖、钢笔，衣袋里有工作证，工作证上写着他的名字、职务。湖面上漂浮着纸张，纸张上是老舍用毛笔抄写的毛主席诗词。

老舍就这样永远离开了人间！

参考书目

老舍:《老舍文集》, 北京: 人民文学出版社, 1993 年。

舒济编:《老舍》, 北京: 人民文学出版社, 1993 年。

老舍:《老舍书信集》, 天津: 百花文艺出版社, 1992 年。

曾广灿、吴怀斌编:《老舍研究资料》, 北京: 北京十月文艺出版社, 1985 年。

甘海岚编:《老舍年谱》, 北京: 书目文献出版社, 1989 年。

郝长海、吴怀斌编:《老舍年谱》, 合肥: 黄山书社, 1988 年。

张桂兴编:《老舍年谱》, 上海: 上海文艺出版社, 1997 年。

张桂兴编:《老舍资料考释》, 北京: 中国国际广播出版社，1998年。

老舍:《老舍自传》，南京：江苏文艺出版社，1995年。

舒乙:《老舍》，北京：人民出版社，1986年。

舒乙:《老舍的关坎和爱好》，北京：中国建设出版社，1988年。

孙之龙、郭奇英编著:《老舍》，北京：中国和平出版社，1996年。

郎云、苏雷:《老舍传》，太原：北岳文艺出版社，1994年。

刘明、石兴泽:《人民艺术家·老舍》，济南：山东画报出版社，1997年。

王润华:《老舍小说新论》，上海：学林出版社，1995年。